HAJIMETENO
PACKRAFT

はじめての パックラフト

はじめに

　パックラフトは、多くの方が新たに川遊びの魅力を感じることができる『魔法の小舟』。カヤックだと長い間練習を重ねてようやく挑戦できる瀬も、パックラフトでは安定性の高さのおかげで、驚くほど簡単に漕ぎきることができるようになります。

　ただ、その一方で、パックラフトの普及に伴い、これまでは時間をかけて学ぶ必要があった川の危険やマナーを知らずに、フィールドに出る人が増えてきたようにも感じます。

　パックラフトは、川遊びの魅力を伝える楽しい乗り物であってほしいと願います。パックラフトを楽しむには、ケガをせずに家に帰ることが大切です。そして、川遊びの魅力とパドラーの輪を広めるためにも、自分以外の人に対しても、楽しさへの配慮を心がけましょう。

技術監修

柴田大吾
（みたけレースラフティングクラブ代表）

HAJIMETENO PACKRAFT

Contents

執筆・編集　　吉澤英晃

ブックデザイン　宮岡瑞樹

イラスト　　　上坂元 均

写真　　　　　後藤武久

実技　　　　　片岡尚子
　　　　　　　（みたけレースラフティングクラブ）

地図製作　　　アトリエ・プラン

DTP　　　　　ベイス

校正　　　　　戸羽一郎

編集　　　　　松本理恵（山と溪谷社）

パックラフトを
始めよう！

パックラフトの魅力

パックラフトはウォーターアクティビティの一種。艇を漕ぐ水辺の遊びにはどんな魅力があるのだろう？

ひとつに、自然のなかで楽しむ非日常体験がある。岸を離れて湖の奥のほうへ漕いでいったり、流れに乗って川を下ったり、いずれの場合も、艇がなければ目の当たりにできない景色や得がたい体験がそこにはある。穏やかな流れに漂っているだけでも、そこが人里離れたところであればあるほど、日々の喧騒とは無縁の自然の静けさを感じられる。

確かな操縦技術を身につければ、川を下りながらエキサイティングな刺激も味わえる。激しい流れに乗って複雑な波を越えるおもしろさは、まるでジェットコースターで最上部から急降下するときのようなスピード感とスリルがあり、病みつきになる人は多いはずだ。

遊びを通じて仲間を増やすこともでき、楽しさや達成感を共有できる点も魅力のひとつだ。気の知れた仲間と出かける川下りなどは、忘れがたい思い出になるだろう。

エキサイティングな刺激

特に流れの速いポイントはスリル満点。パックラフトは猛スピードで流されつつ、波を受けて激しく上下しながら進んでいく。刺激を味わいながら無事通過できたときの達成感は何ものにも代え難い。

激流を
巧みに
漕ぎ下ろう！

仲間がいると
楽しみ倍増！

仲間との
楽しみの共有

一緒に遊べる仲間が増え
れば増えるほど、計画の
幅は広がっていく。現在
はツアーや講習会、SNS
など、人と知り合う手段
は意外と多い。勇気を出
して飛び込んだ先には、
一生モノと呼べる出会い
があるかもしれない。

自然を楽しむ
非日常体験

水面から見えてくる景色
は、普段の生活では気づ
きにくい自然の豊かさを
教えてくれる。住宅地や
ビルのそばを流れる川に
も自然があり、そこには
水鳥や魚など、さまざま
な生き物が暮らしている。

日常とは
違う景色に
出会える

パックラフトは軽さに優れるカヤック

パックラフトとは、空気でふくらませる艇のこと。ひとりでも簡単に持ち運べる軽量なモデルが人気で、にわかに注目を集めている。

そんなパックラフトと同じく、湖や川で楽しむ艇として、「カヌー」や「カヤック」なども知られている。カヌーとは、パドルで漕ぐ小型の艇の総称。そのなかで、水をかくパーツが左右に付いているダブルブレードパドルを使って漕ぐ艇が、カヤックと呼ばれている。パックラフトはダ

ブルブレードパドルで漕ぐため、カヤックの一種に含まれる。さらに、本体を空気でふくらませるので、より正確にいえば「インフレータブルカヤック」に分類される。

インフレータブルカヤックと呼ばれる商品は以前からあったが、いずれも重量は10kgオーバーが当たり前。その点、パックラフトは3kg前後のモデルが主流で、車がなくても持ち運べる。この身軽さもパックラフトの大きな魅力だ。

カヌーの種類

カヌーは、使うパドルで「カヤック」か「カナディアンアンカヌー」に分かれる。通常、左右に水かきがあるダブルブレードパドルで漕ぐ艇はカヤック、片側にだけ水かきがあるシングルブレードパドルで漕ぐ艇はカナディアンカヌーに分類される。

パックラフト＝
インフレータブル
カヤック

カヤックには、樹脂でできていて形がしっかりしているタイプと、空気でふくらませるタイプ（インフレータブルカヤック）の2種類がある。パックラフトは後者に分けられ、空気でふくらむ構造なので本体を軽くできる。

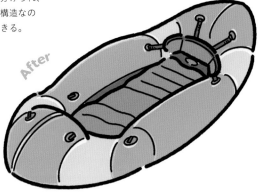

軽量&コンパクト
が人気

4kgを超える少々重いパックラフトも存在するが、国内では重さが3kg前後の比較的軽いモデルが人気だ。軽量かつバックパックに収納できるほどコンパクトになるモデルが選ばれている。

パックラフトの長所と短所

パックラフトには、持ち運びやすさとコンパクトな収納サイズだけでなく、ほかにも人気につながる長所がある。それは安定性の高さだ。

パックラフトは乗り込んだときの重心がとても低く、空気でふくらむ本体のチューブも非常に太いため、水面でバランスをとる必要がほとんどない。艇を漕いだことがない初心者でもわりと簡単に操縦でき、たとえば、午前中に経験者のもとで簡単なレクチャーを受ければ、午後には川下りを楽しむことも可能だ。

ただし、誰でも簡単に漕げるため、確かな技術と知識がないままフィールドに出かけると、それが原因で事故が起きる危険性もはらんでいる。また、軽量であればあるほど強度は低くなり、故障するリスクも高くなる。さらに、風の影響を受けやすいといった短所も無視できない。

パックラフトを安全に楽しむには、弱点にこそしっかりと目を向けて、リスク回避に努めることが大切だ。

安定性が高い

パックラフトは水に接する面積も広いため、波を受けてもひっくり返りにくい。一方、同じカヤックでも樹脂製のモデルなどはバランスをとるのが難しく、川を下れるようになるまでには繰り返し練習をしても何日もかかるのが現実だ。

強度が高くない

硬い樹脂製や木製の艇なら傷つくだけで済むところも、パックラフトは生地が薄いため、裂けたり穴があいたりするリスクがある。陸上でも安易に引きずったりしないように、取り扱いには充分気をつけよう。

風の影響を受けやすい

艇自体が軽いパックラフトは、向かい風だと前に進めないどころか押し戻される場合もあり、過去には突風でパドラーごとひっくり返された事例もある。風が強い日は計画の中止も視野に入れて、注意しながら楽しもう。

パックラフトの適期とメインフィールド

楽しめる時期

ハイシーズンは夏。気温が高いので、水辺の遊びが最も気持ちのいい季節でもある。だが、実はパックラフトは一年中楽しむことが可能だ。

春は花の季節。桜や菜の花、山では新緑も美しい。秋は紅葉が鮮やかだ。冬は防寒対策で相応の装備が必要になるが、人けが少なくなるので静かな水辺を堪能できる。

主なフィールド

メインフィールドは湖と川。それぞれに異なる魅力が秘められている。

湖では、水面からの景色をゆっくり楽しめる。何もせず湖面に漂っているだけでも気持ちがいい。

川には、急流で体験できるスリルと達成感がある。そして川を下る距離が長くなるほど、今度は、見知らぬ土地を旅する感覚を楽しめる。

Field 2

川

操縦に慣れてきたら、川下りにも挑戦してみよう。障害物をかわしながらどこまでも漕ぎ下れば、山奥の渓谷から河口までつなげることも可能だ。

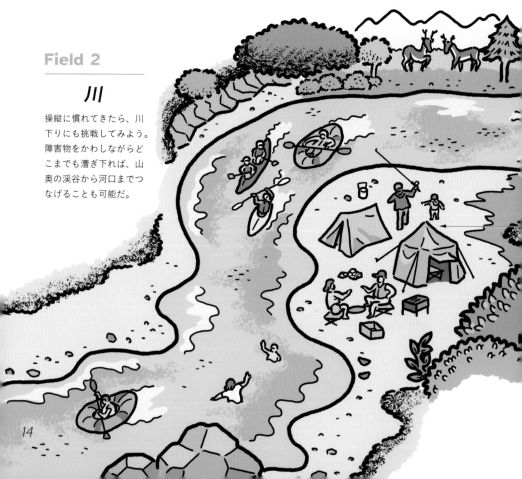

Field 1

湖

流れがなく、基本、波も
立たない湖はパックラフ
トの練習に最適だ。はじ
めのうちは湖で基礎的な
操縦技術を学ぶといい
（P41参照）。

ダウンリバーキャンプ

泊まりがけのダウンリバーを「ダ
ウンリバーキャンプ」などという。
野営道具を積んで行なう川下りは
旅そのもの。シェルターなどを用
意して、いつかは長距離ダウンリ
バーにも出かけたい（P89参照）。

ダウンリバー

艇で川を下ることは「ダウンリバ
ー」などと呼ばれ、湖では得られ
ない達成感を味わえる。よりテク
ニカルな操縦技術のほかに、川の
地形や注意すべき流れなども学ん
でから挑戦しよう（P61参照）。

15

覚えておきたい約束事

パックラフトは魅力的な遊びである一方、アウトドアアクティビティである以上、一定のリスクがあり、フィールドにおけるルールやマナーを守りながら、自然に負荷をかけない行動が求められる。

パックラフトに関わるすべての人と環境にトラブルが起きないように、フィールドに出かける前に覚えておきたいことを4つ紹介する。それぞれを念頭におき、気持ちよくパックラフトを楽しもう。

ケガなく帰る

せっかくの楽しみも、ケガをしてしまっては元も子もない。さらに、事故を起こすとフィールドがある地域にも迷惑をかけることになってしまう。自分も仲間も無傷で帰る。そのためにも適切な装備、技術、知識が必要だ。

現地のルールや
マナーを守る

管理されている湖は利用条件が設けられている場合があり、川には魚の放流時期はアクティビティを控えるといったローカルルールがあることも。問題を起こさないように、現地のルールやマナーをきちんと調べてから出かけよう。

近隣住民に 迷惑をかけない

マイカーでフィールドに向かう場合、気をつけたいのが、車の駐車場所。みんなが停めているスペースでも、本当に近隣住民の迷惑になっていないだろうか。川へ向かう途中にも、気づかないうちに私有地を通っていないか注意する。

フィールドに 痕跡を残さない

お菓子の袋やペットボトルなど、ゴミは絶対に放置しないこと。むしろゴミを見つけたら拾う気持ちを大切にしたい。河原などで焚き火を行なった場合は、跡が残らないように処理をしてからその場を後にしよう。

現地情報を 得る方法

パックラフトを気持ちよく楽しむには、装備や操縦技術も大切だが、それと同じくらい、ローカルルールや付近の駐車スペースなど、明文化されていない情報が重要になる。ただし、そういった情報はインターネットでも調べにくく、とりまとめた書籍もないため、詳しい人に教えてもらうのが現実的だ。現地情報に精通した知り合いが周りにいればいいが、適当な人が近くにいない場合、地元のリバーガイドが頼りになる。ツアーなどを通じて彼らと知り合いになり、必要な情報を教えてもらえるか相談してみるといいだろう。

安全に楽しむための4つのポイント

ケガをせず、事故を起こさないためには、装備、技術、知識が必要だ。

装備は、パックラフトを漕ぐフィールドと時期によって、求められる道具や服装が異なってくる。

技術にも同様のことがいえ、川を下るときは、よりテクニカルな操縦スキルが求められる。

知識に関しては、フィールドに関係なく、そこに内在するリスクの把握が欠かせない。万が一に備えてレスキュー技術も学んでおこう。

1

適切な装備で楽しむ

パックラフト、パドル、パーソナル・フローティング・デバイス。これら3点が最低限必要。川を下るときはヘルメットをかぶり、肌の露出が少ないウェアを身につける。ウェアに関しては、時期に応じて保温性や防水性も求められる（P21参照）。

2

正確な操縦技術を
身につける

目的のポイントに向かうために、まずは前進と回転をマスターしよう（P48参照）。川を下るときは、波を越えるコツや転覆を回避する技術、エディラインを越えるテクニックなども覚えておきたい（P76参照）。

3

リスクを知る

川には危険な人工物や流れがあり（P70参照）、湖で遊ぶ場合も、溺れ、低体温症といったリスクが考えられる（P106参照）。さまざまなリスクは、複数人で漕ぐよりひとりのときのほうが高まる傾向にある（P20参照）。

4

レスキュー技術を学ぶ

パックラフトが転覆したときに備えて、レスキューの仕方を学んでおこう。レスキューにはひとりで行なうものと、仲間に助けてもらう方法がある。いざというときに慌てないように、安全な場所で練習しておこう（P108参照）。

最初はツアーに参加してみよう！

操縦技術やレスキュー方法を身につけるには、経験豊富な人に教わるのが近道。そこでおすすめしたいのがツアーへの参加だ。各地で初心者向けのパックラフトツアーが企画されており、リバーガイドから基礎的な漕ぎ方を教えてもらえる。正しい技術を学びながら、徐々にステップアップしていこう。

ソロ派？ グループ派？

パックラフトの楽しみ方は千差万別。お互いのスタイルを尊重し合うことがパドラーのカルチャーでもあります。ただ最近、危なっかしいソロのパドラーを目にすることが増えてきました。明らかに艇をコントロールできない状態で瀬に突入し、転覆して流される。再乗艇もままならず、延々と流される。心配になって漕ぎ寄って声をかけると、「大丈夫です、ブクブクブク……」。サポートしたあと、件のパドラーには、ひとりで川に出るリスクはグループのときより、はるかに高くなることを伝えました。

ひとりでトラブルに遭うと、場合によっては重大事故に直結します。川はもちろん、湖であっても、万が一艇に穴があいてしまったらどうでしょう。PFDを着用していても、長時間水中から出ることができなければ、時期によっては低体温症に陥るリスクがあります。自信をもってさまざまなトラブルに対処できるようになるまでは、グループで漕ぐことをおすすめしたいです。

前述のパドラーは、艇とパドルをリーシュコードでつないでもいました。理由は、ひとりで流されたときに艇とパドルが流されるのを防ぐため。ただ、川の流れの中ではリーシュコードが岩などに引っかかると、水中に巻き込まれるリスクが高まります。そのため、転覆時に手足や頭部に絡まるようなループをつくらない。岩などの障害物に引っかかるようなロープは使用しない。この2点もパックラフトを安全に楽しむうえで大切な考え方です。

文・写真／柴田大吾

仲間がいると万が一のときに助け合える

穏やかな湖にもリスクがあることを忘れずに

パックラフトの
基本装備

最低限必要な専用道具は3つだけ

　パックラフトを安全に楽しむために、この章では必要な装備について見ていく。一見、特別なギアをいくつもそろえなければいけないと思うかもしれないが、求められる装備はパックラフトを漕ぐシチュエーションによって異なり、実は専用の道具を3つ用意するだけで事足りるときもある。湖で遊ぶケースと、川を下るケースを想定して、それぞれで必要になる装備を考えてみよう。

湖で遊ぶ

　まずはパックラフトがなくては始まらない（本体についてはP28、ふくらませ方についてはP42参照）。パックラフトを漕ぐためのパドルも必要だ（P34参照）。パックラフト

湖で遊ぶ

3 P36-37
パーソナル・フローティング・デバイス（PFD）

P24-27
ウェア&シューズ

1 P28-33
パックラフト

2 P34-35
パドル

湖で遊ぶ場合でも服はパドルの飛沫で濡れてしまう。帰宅用に乾いたウェアを用意しよう

着替え

がひっくり返る、もしくは空気が抜けるなどして水の中に落ちてしまう万が一に備えて、水中で浮力を得るためのパーソナル・フローティング・デバイス（Personal Floating Device、以下：PFD）も欠かせない（P36参照）。湖で遊ぶ場合、専用の道具はこの3点さえそろえればOK。適切なウェア（P24参照）を着ていれば充分パックラフトを楽しめる。あとは着替えを用意するだけだ。

川を下る

川には流れがあり、この流れがケガや事故の原因となる。艇で川を下る場合は、転覆したときに備えて外傷から頭を守るヘルメットを装着しよう（P38参照）。自分や仲間をトラブルから救うためのセーフティギアも用意（P39参照）。移動手段によっては荷物を運ぶためのバックパックも必要だ（P39参照）。

川を下る

ヘルメット P38

セーフティギア P39

バックパック P39

その他 P39

服装はTシャツ&ショートパンツもあり

①	**PFD**	充分な浮力があり体にフィットしたものを選ぶ
②	**ウェア**	乾きが早い化学繊維の服が◎
③	**足回り**	サンダルはヒールストラップ付きを選ぶ

ここからは、パックラフトを漕ぐときに着るウェアについて、シチュエーションごとに、より具体的に説明していこう。

湖で遊ぶ

たとえば、季節が夏の場合。太陽がさんさんと照りつけて汗ばむほどの陽気であれば、服装はTシャツにショートパンツでもかまわない。湖では全身が濡れる可能性が低く、なんらかのトラブルで湖面を泳ぐことになっても、基本、水の中に流れはなく、体をどこかにぶつけてケガをする危険性も少ないからだ。速乾性があり、動きやすい服を選び、寒さや日焼けが気になる場合は長袖のTシャツやロングパンツを着ればOK。それぞれが快適と感じるウェアで楽しもう。ここに、前のページで紹介したPFDを装着して安全を確保する。

足回りは、水陸両用を考えるとサンダルが使いやすい。足から簡単に外れないように、かかとを固定できるヒールストラップ付きのモデルを選ぼう。市販されている普段履き用のサンダルで充分だ。

川を下る

　流れのある川でパックラフトを楽しむ場合、ウェアの選び方は湖で遊ぶときと勝手が異なる。ベースになるのは"パックラフトから投げ出されたときに、いかにして自分の身をケガから守るか"という考え方だ。

　川の中には、岩や消波ブロック、流木などさまざまな障害物があり、それらに生身でぶつかるとケガをする可能性がとても高い。そのため、パックラフトで川を下る場合は、長袖のTシャツにロングパンツをはいて肌の露出を極力減らし、必ずヘルメットをかぶる。さらに、パックラフトが転覆して水の中に落ちたときの寒さに備えて、夏でも上下共に保温性の高いネオプレン素材のベストやタイツを身につけておくと安心だ。PFDや足回りの装備は湖で遊ぶときと変わらない。

①	ヘルメット	頭の形に合ったものをかぶる
②	PFD	フィット感やポケットの大きさもポイント
③	ウェア	長袖にネオプレン製のタイツ、ショートパンツのスタイルが一般的
④	足回り	ケガを防ぐためにソールの厚いサンダルかアクアシューズを履く

身につける装備の具体例

ウェア

ポリエステルやナイロンといった化学繊維で作られている服が速乾性に優れている。素材にコットンを含むウェアは乾きにくいのでおすすめしない。そのうえでどんなウェアを着るかは、パックラフトを楽しむフィールドと時期に応じて検討する。気温が低ければ、湖でも保温性の高い服を身につけたほうがいい。

足回り

素足やネオプレン製のソックスに、ヒールストラップ付きのサンダルやアクアシューズなど非防水の靴を履く。逆に、登山靴のような防水性が備わる靴は水中で水が排出されないため錨のように重くなり、岩などの障害物に挟まれると流れに押されて体が水中に引きずり込まれる可能性があるため、きわめて危険だ。

水が冷たい時期の服装

気温が低い春や秋、もしくは冬にパックラフトを楽しみたいときは、充分な防寒対策が必要だ。濡れに対して優れたプロテクション能力をもつウェアに「ドライスーツ」がある。防水性があり、首元や手・足首からも水の浸入を防ぐ仕様で、転覆しないかぎり内側の服が濡れることはほぼない。ネオプレン製のウェアのなかでも、「パドリングジョン」と呼ばれる上下がワンピースになっているタイプは保温性が高い。レインウェアも水濡れ対策に効果的だ。

ドライスーツ　　パドリングジョン　　レインウェア

ウェア

湖で遊ぶ

化学繊維のウェアは一般的なアパレルショップでも購入できる。速乾性さえ備えていえば、デザインやカラーを重視して選んでもかまわない。

川を下る

長袖のTシャツやショートパンツにはウォーターアクティビティ専用の服もあるが、化学繊維の生地であれ

ばとりあえずOK。ネオプレン製の、いわゆるウエットスーツは、1.5〜2mmほどの厚さが目安になる。

足回り

サンダル

脱げて素足になると足裏をケガする危険がある。必ずヒールストラップ付きを選ぼう。

アクアシューズ

ネオプレン製のアッパーで保温性が高く、水はけもいい。マリンシューズとも呼ばれる。

ネオプレンソックス

足元の寒さが気になるときは、季節に関係なくネオプレン製の靴下をはくといい。

パックラフトの種類

　パックラフトを作るメーカーは何社かあり、デザインや使われている素材、取り付けられているパーツの数などで、各商品は特徴が異なっている。ただし、パックラフトを俯瞰すると、種類は主に2つに分けられる。その2つを区別する境界線となっているのが、使用を想定するフィールドだ。

　これまでも説明してきたように、パックラフトを楽しむメインフィールドは、湖と川に二分でき、主に湖での使用を想定して作られたパックラフトは、一般的に「静水モデル」と呼ばれている。一方、流れのある川での使用を想定したものは、「流水モデル」もしくは「ホワイトウォーターモデル」と呼ばれている。たとえば、静水モデルでも川を下ることはできるが、流水モデルのほうが使い勝手に優れていて、その逆も同じことがいえる。

静水モデル

セルフベイラー
なし

ロッカー
なし

底部が反り上がっていないため、水面に接する面積が広くなり、安定性が高い。また、水との抵抗が増すため、漕いだときにバウが左右に振られづらく、直進性にも優れている。

静水モデル

　流れのない湖では、急流を下るときのように全身に水を浴びることがほぼないので、パックラフトの内側にたまる水を自動で排出する「セルフベイラー」（P32参照）という機能が備わっていない。また、上下に揺られながらウェーブを越える機会も少ないので、底部には「ロッカー」と呼ばれる反り返りがなく、水面での安定性を考えてフラットな形状をしているのが一般的だ。

流水（ホワイトウォーター）モデル

　流水モデルの多くはセルフベイラーを備えており、ウェーブに備えて底部が反り上がるロッカー形状のものが主流になる。また、パックラフトとの一体感を高めるために、任意で「サイストラップ」（P31参照）というオプションパーツを取り付ける箇所が備わっている点も特徴だ。ただ、高機能であることに間違いはないが＝万能というわけではなく、直進性が劣るといった弱点もある。

流水（ホワイトウォーター）モデル

セルフベイラー
あり

ロッカー
あり

写真のように底部が反り上がる形状は波を乗り越えやすい。水面に接する面積が少なくなり水との抵抗も弱まるため、パックラフトを回転させる操作性にも優れている。

パックラフトの各部の名称（流水モデル）

アウターチューブ

ここに空気を入れて浮力を得る。ピンホールによる沈没のリスクを減らすために、内側が隔壁で仕切られ2カ所からふくらませるモデルもある

バルブ

形はモデルによって異なり、二重のタイプは内側のバルブを開けて空気の出し入れを行なう。外側は逆止弁付きで空気の量を調整するときに使う

スターン
（船尾）

バウ
（船首）

グラブループ

荷物やセーフティラインを固定するストラップを通すパーツ。数が多いと荷物を積載しやすい。単品を購入してあとから取り付けることもできる

セーフティライン

転覆時にパックラフトをつかめるように、バウかスターン側にストラップを取り付けておく。岩や流木などに引っかかる危険もあるので、本体に一周させたり写真のようにゆるませたりしないこと。

バックレスト

漕ぐときに腰を支える
パーツ。本体とつなが
るストラップを操作し
て、足が完全に伸びき
らない姿勢をつくれる
ように位置を調整する

シート

エアマットのように空
気でふくらませて、底
部の衝撃からお尻を守
るクッションの役目が
ある。使わないときは
取り外して収納できる

サイストラップ

両ひざを本体に固定す
るためのオプション品。
艇との一体感が高まり
操作性が向上する一方、
転覆したとき抜き出し
にくくなる欠点もある

フットブレイス

両足を乗せるパーツ。
シートと同じく空気で
ふくらみ、取り外しも
可能。漕ぐときはフッ
トブレイスに足を突っ
張って体を固定する

急流にはセルフベイラーがおすすめ

メリット／排水作業が必要ない

セルフベイラーとは、内側に入った水を自動的に排出する機能のこと。パックラフトのフロアにある小さな穴がそれに当たり、波をかぶっても水はそこから勝手に外へ出ていく。

川でも瀬が現われるような急流を下るときは、全身が濡れるほど大量の水を浴びることが珍しくない。このとき艇にセルフベイラーが付いていないと、内側に水がたまるたびに岸に上がって排水作業を行なわないといけない。その手間を省けるのがセルフベイラーの利点といえる。

デメリット／フロアは常に水浸し

一定以上水がたまらない代わりに、穴があいているのでフロアは常に水が薄く張った状態となる。アウターチューブの浮力で沈むことはなく、シートに座っているのでお尻が水に浸かることもないが、足元や服は濡れやすくなり、冷気によって寒さも感じる。また、セルフベイラーによる水の動きが抵抗となり、推進力も低下してしまう。

湖や流れの穏やかな川で遊ぶ場合は、セルベイラーが付いていない艇を選んだほうが快適なこともある。

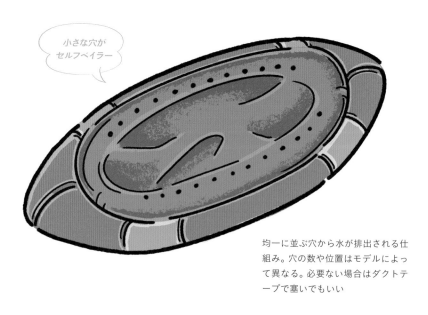

小さな穴がセルフベイラー

均一に並ぶ穴から水が排出される仕組み。穴の数や位置はモデルによって異なる。必要ない場合はダクトテープで塞いでもいい

排水作業が必要ない

岸に上がって行なう排水作業はけっこう面倒。その点、川下りで急流を楽しむときはセルフベイラーが備わっていると快適だ。

フロアは常に水浸し…

フロアは常に薄く水が張っている状態。水が跳ねると足元や服が濡れてしまい、気温が低い時期には寒さを感じることもある。

水が入らないカバー付き

パックラフトのなかには、表面をカバーで覆って水の浸入を防ぐ「スプレーデッキ」と呼ばれるタイプもある。転覆時に抜け出しにくくなる欠点はあるが、水を浴びても下半身が濡れないという利点がある。

コックピットが塞がれるので水が入らない

33

パドルの選び方

おすすめは4ピース

パックラフトは、左右にブレードが付くダブルブレードパドルで漕ぐのが一般的だ。フィールドに応じてさまざまな種類があるが、まずは収納サイズに注目してみよう。

パックラフトの強みである"自力で運搬できるコンパクトさ"を生かすには、同じくパドルも短く収納できるものを選びたい。パドルの収納サイズは分割できる回数によって決まり、最も短くできるのが、4ピースと呼ばれるタイプだ。真ん中とブレードの付け根をそれぞれ取り外すことができ、パックラフトで使うパドルには、この4ピースタイプをおすすめする。真ん中で二分割できる2ピースと一体型の1ピースもあり、節目の数が減るほど強度は増すが、サイズとしては長くなるので収納しづらくなってしまう。

ブレードの形と長さの関係

次に考えたいのは、漕ぐ場所のシチュエーションだ。たとえば、川幅の狭い渓谷で岩を素早く避けながら急流を下る場合、ブレードは強力に水をつかめる大きな形状で、取り回しが楽な短めのパドルが使いやすい。逆に、緩やかな流れの中をのんびりと漕ぐ場合は、ブレードは徐々に水をキャッチする細長い形状で、リラックスした状態で水をつかめる長めのパドルが好まれる。

大人が使うパドルの長さは、200〜210cmがひとつの目安。これよりも短いモデルは、子どもや背の低い人用、長いモデルはツーリング用と考えるといいだろう。4ピースや2ピースのパドルは、基本、シャフトの長さを変えられるので、艇を漕ぐフィールドや状況に合わせて使いやすいサイズに調整しよう。

角度について

ダブルブレードパドルは、左右のブレード面がねじれているのが特徴だ。これは水中から外に出ているブレードに加わる風の抵抗を減らすためともいわれており、角度がつくとパドルを立てて漕ぐときに水をつかみやすくなる。角度の調整は、左右のブレード面を水平にして持ち、右利きの場合は左手を固定、右手首を手前に返して行なう（左利きは逆）。30〜60度が一般的で、経験を積んで漕ぎやすい角度を見つけよう。

シャフト

ブレード同士をつなぐパーツ。4ピースと2ピースはここを分割して収納する。手首の負担を減らすために持ち手部分が曲がっているモデルもある

4ピース（左）と2ピース（右）では収納サイズにこれほどの差がある

素材の違い

カーボンは高価だが軽く、グラスファイバーやプラスチック、アルミは安価だが重くなりがち。どの素材を選ぶかは予算と相談して検討しよう。

左がアルミ、右がカーボン製のシャフト

ブレード

水をかくパーツ。ここで水をつかまえて艇を操縦する。パドルはブレードの外にふくらんでいる箇所（写真の丸印）を上にして、ブレードが湾曲するタイプは内にカーブする面を体側に向けて持つ

左が裏面で右が表面。表面で水をキャッチする

ブレードの形状の違い。左から順に細長くなる

ドロップリング

ブレードから滴る水が手にかからないように防ぐためのパーツ

パーソナル・フローティング・デバイス（PFD）の選び方

PFDはウォーター アクティビティの命綱

パーソナル・フローティング・デバイス（PFD）とは、ライフジャケットとも呼ばれる救命胴衣のこと。人が湖や川といった淡水の中に落ちた場合、肺に空気を満たした状態であっても、水面に浮かんでくるのは体積の数パーセントだけといわれている。これでは呼吸することはほぼ不可能で、溺れて命を落とす可能性が非常に高い。そんな最悪の事態を避けるために、浮力で頭を水面上に位置させるPFDは、ウォーターアクティビティにおける必須装備だ。

PFDの浮力は成人用で7.5kg程度が一般的とされている。空気でふくらませるような簡易的なものでないかぎり、専門メーカーが作るPFDには必要最低限の浮力が備わっていると考えて問題ない。

フィット感、ポケットの大きさ、カラーなどに注目

PFDを購入するときは、店頭で実物に触れて検討することをおすすめする。その際に注目すべきポイントは5つある。

1 ファスナーの位置による装着方法の違い：主にフロントエントリーとサイドエントリーがあり、どちらが好みか検討する。

2 フィット感：PFDにはサイズを選べるモデルもある。どのサイズが体に合うかチェックする。

3 動きやすさ：実際に装着してパドルを漕ぐ動作をしてみたとき、動きやすいと感じるものを選ぶ。

4 ポケットの大きさ：小物を収納できる充分な容量があるか確かめる。

5 カラー：目立つ色のPFDを装着しているほうが、遭難した場合に発見されやすいメリットがある。

レスキュー仕様

PFDには、救助現場で使うセーフティストラップ（写真の矢印部分）を備えるモデルもある。レスキュー仕様のPFDの使用方法は講習会などで学習しよう。

セーフティストラップは赤い引き手で簡単にリリースできる

サイドエントリー

ラッシュタブ

四角いブロック状のパーツで、ここにナイフをケースごと取り付ける。ナイフはすぐ引き抜けるように持ち手を下に向けておく

ポケット

行動食や小型カメラ、スマートフォンなど、ポケットに入れたい小物は意外と多い。サイズや取り出しやすさなどをチェックしよう

本体の脇にあるファスナーを開閉して着脱するタイプ。胸元のスペースに容量の大きいポケットを備えるモデルが多い。ファスナーが付かない筒状のものもある。

フロントエントリー

ウェアのジャケットのように、フロントファスナーで開閉するタイプ。ポケットの容量は小さくなりがちだが、サイドエントリーより着脱しやすい。

PFDの装着方法

両サイドのストラップをきつめに締める

▼

肩ひもを引いても持ち上がらない状態にする

いつかは用意したい装備

ヘルメット

川下りを楽しむとき、特に急流で頭をダメージから守るために必要。欧米人向けに作られている海外メーカーのヘルメットには、横幅が狭いと感じるモデルもある。装着時にきつさを感じるとストレスになるので、頭に合うかフィット感を確かめてから購入すると間違いがない。

バックパック

公共交通機関を使って移動するとき、荷物の運搬には両手が自由になるバックパックが使いやすい。

セーフティギアなど

セーフティギアは正しい使い方を学んでおくこと。そのほかの道具も適宜用意しておこう。

ヘルメット

耳まで覆うタイプ。イヤーパッドを取り外せるモデルもある

イヤーパッドが付かないタイプ。ツバがあると日差しを遮ることができる

水抜き穴

穴があいていると水中で水圧を逃がすことができ、水の重みで首が絞まる危険が少ない。

イヤーパッド

耳を保護するプロテクター。流れの激しい川を漕ぐときにこれがあると安全性が高まる。

バックパック

パックラフト専用のバックパックは存在せず、一般的な登山用、防水性の高い生地で作られるタイプ（写真左）、生地で荷物を挟む背負子のようなタイプ（写真右）など、どんな種類を使うかは人によって好みが分かれる。容量は日帰りであれば35ℓ前後、泊まりがけで計画する場合は60ℓ前後が目安になる。

そのまま荷物を入れても濡れる心配が少ない

荷物を両側から挟む仕組み。汎用性に優れる

セーフティギア

ホイッスル

濡れても音が出るものを用意。鳴らす音による意味の違いを覚えておこう（P87参照）。

ナイフ

流れの中で何かが引っかかったとき、体に絡まるストラップなどを切断する。

スローロープ

主にロープレスキューのときに使用（P112参照）。長さは15～20m前後が一般的。

カウテール

レスキュー現場や仲間の艇を牽引するときなどに使う。使い方は講習会などで学ぶこと。

その他

ファーストエイドキット

切り傷や擦り傷に対処するため、絆創膏やガーゼ、包帯などを用意。防水対策を忘れずに。

リペアアイテム

ピンホール（P57参照）に備えてダクトテープなどを準備。一緒にタオルも用意しておこう。

保温ボトル

夏でも服が濡れると体が冷える可能性がある。温かい飲み物を常に持っていると安心だ。

防水サック

防水性の高い袋を用意。スマートフォンや財布などが濡れないように対処しよう。

39

Column

パックラフトのメンテナンス

　パックラフトで遊んだあとは、汚れを落として乾かしてから、小さくまとめて保管しよう。と、簡単に書いたはいいが、なかにはパックラフトを洗って干せる場所が近くにない、という人もいるだろう。特にアパートやマンションに住んでいる人にとって、作業するスペースの確保は容易ではないはずだ。

　可能性のひとつとして挙げられるのは、バスルームだ。完全とはいかなくても、パックラフトをある程度までふくらませる広さがあれば、その場で洗濯から乾燥までを終えられる。それが無理なら、次に考えられるのはベランダか、そこも使えないとなると、部屋の中で水拭きをするか。いずれにせよ、汚れが付着して濡れたまま放置することだけは避けるべきである。

　筆者もアパート暮らしだが、幸い1階に住んでいるので、入り口の前に作業するだけのスペースがあり、風呂場からホースを伸ばしてきて、毎回外で水洗いをしている。重点的に水をかけるのは、アウターチューブとフロアの隙間。砂や汚れがたまりやすい箇所なので、ホースのノズルをひねり、ジェット噴射で奥に詰まっている汚れをかき出している。

　きれいになったパックラフトは、ベランダに立てかけて、水気を拭き取ってから乾燥。紫外線を浴びると本体の生地が劣化するので、日陰になる午後を狙って干している。外で乾かすときは、完全に空気を入れた状態にすると熱膨張で破裂する危険があるので、重々注意。本体を手で押して簡単に凹むくらいが適切だ。

文・写真／吉澤英晃

砂などはフロアの隙間にたまりやすい

汚れを落としたら紫外線を避けて乾かそう

まずは
湖で
漕いでみよう！

パックラフトのふくらませ方

水上でパックラフトを楽しむために、漕ぎだすまでの下準備を、ふくらませ方から見ていこう。

まず、パックラフトは他人に迷惑のかからない広い場所でふくらまそう。道端など荷物が道路にはみ出るような場所で行なってはいけない。軽いパックラフトは簡単に持ち運べるので、多少水辺から離れたところでふくらませても問題ない。

適当な場所を見つけたら、パックラフトを広げてからバルブを開けて空気を入れる。ここで使うのが、インフレーションバッグという空気を入れるための大きな袋で、ほとんどのパックラフトに付属されている。これを本体のバルブに取り付けて一度に大量の空気を送り込む。

あらかたパックラフトをふくらませたら、バブルを閉じていったん作

パックラフトのバルブを開ける

バルブを開けて空気が自由に出入りする状態をつくる。バルブが二重になっているモデルは内側（本体側）の栓を開ける。

インフレーションバッグを
バルブに接続

インフレーションバッグの底には空気の注入口があり、これをバルブにねじ込んで連結する。

業を止める。このとき、空気の入り具合は手で押して簡単に凹む程度でかまわない。必要に応じてシートやフットブレイスも取り付けて、それぞれをふくらませて、いつでも乗り込める状態をつくっておこう。

必要な装備、服装などを整えたら、次に水辺へ移動する。

空気を入れる際の注意点

特に夏はパックラフトを水に浮かべるまで完全にふくらませないように気をつけよう。空気は熱で膨張するため、陸上で100％空気が入った状態にすると、直射日光や地面からの熱で破裂する危険がある。

インフレーションバッグに空気を入れる

袋の末端を両手で持ち、口を広げて上下にやさしく揺らすと徐々に空気がたまっていく。焦らずゆっくり行なうのがコツ。

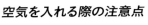

3

4

袋を抱えて空気を注入

インフレーションバッグがふくらんだタイミングで口を閉じて、抱えるように空気をパックラフトへ注入する。最近はインターネットの通販サイトで電動の小型ポンプを購入でき、これを使ってパックラフトをふくらませる人も多い。

出艇までの手順

パックラフトを運んで水辺に着いたら、乗り込む前に本体を漕ぎ出せる状態までふくらませる必要がある。

パックラフトを水面に浮かべたら、全体に水をかけて中の空気を収縮させる。充分に冷やしたらバルブを開けて、ここでは逆止弁が機能している状態にする。口などで再び空気を入れたら、アウターチューブを手で押してふくらみ具合を確認。手で押しても凹まないくらいが目安だ。

充分に空気を入れたら、ここでやっとパックラフトに乗り込む。パドルを使い本体が岸から離れない状態をつくり、片足、お尻、片足の順にゆっくり乗船。シートに座ったら、再びパックラフトのふくらみ具合を確かめよう。アウターチューブにしわができるようなら、もう一度バルブを開けて空気を入れる。

水をかけて空気を冷やす

水で本体を冷やさないと、膨張した空気が漕ぐうちにしぼんでしまう。必ず空気を収縮させてからふくらまそう。

1

2

空気を入れる

本体を冷やしたらバブルを開き、逆止弁が機能している状態にしたのち、あらためて口などを使い空気を注入する。

パドルを使った運搬方法

バックレストの下から足元へ向けてパドルを差し込み、ブレードの先端を足元側のアウターチューブに引っかけてパドルごと肩に担ぐ。本体にバックレストが付いていることが条件になるが、これで本体とパドルを一緒に持ち運べる。

パドルを接岸させて乗船の準備

パックラフトにパドルを渡したら片方のブレードを接岸させる。こうすることで艇がある程度動かなくなり乗り込みやすくなる。

3

4

パックラフトに乗り込む

はじめは片足を乗せて、次はお尻から座り込み、最後にもう片方の足を入れる。無事に乗り込めたら、あらためて本体のふくらみ具合をチェック。アウターチューブにしわができていない状態が理想だ。

45

パドルの持ち方と基本姿勢

パックラフトを操縦するパドルには、正しい持ち方がある。ここでは、パドルで得た推進力を効率よく艇に伝える基本姿勢も同時に覚えよう。

パドルの持ち方

パドルを持って構えたとき（正しいパドルの向きはP35参照）、頭の上にシャフトの中心をもってきて、両手を左右に広げながらひじが90度に曲がる位置で握る。このひじの角度がポイントで、パドルはこの手の幅をキープしながら漕いでいく。

適切な手の幅でパドルを持ったら、利き手側のブレードを水面に対して垂直に向けて、利き手は固定、反対の手はやさしくつかむ程度。詳しい漕ぎ方はP48から紹介する。

ひじの角度は
90度

利き手側の
ブレードを
水面に対して
垂直にする

←
写真では右利きの人を想定して、右側のブレードを水面に対して垂直に向けている。この状態からブレードをパックラフトの前方へ入水させて漕ぎ始める（左利きの場合は逆になる）

↑
パドルは写真のように順手で握り、手の幅はひじの角度が90度になる間隔が目安。長すぎても短すぎても漕ぎにくくなってしまう。なるべくリラックスした状態で操作するのもポイントだ

漕ぐときの基本姿勢

パドルで得た推進力をパックラフトに伝えるには、足の置き方が重要だ。つま先は浮かせず、ひざを曲げて両足で本体やフットブレイスをしっかり押して、下半身を艇に固定させる。

足が伸びきってしまう場合は、バックレストなどの位置を調整する。

上体の姿勢は、骨盤を立たせて少し前かがみになるように意識。この状態をつくることでパドルで水をしっかりキャッチでき、急流を下るときにはバランスを崩しにくくなる。

上体は前かがみ

骨盤を立たせた前傾姿勢がベスト

上体が後ろにのけぞった悪い例

足は突っ張る

ひざも開いて艇に下半身を固定させる

つま先が浮いてひざが閉じている悪い例

漕がないときはリラックス

紹介してきたのは、あくまで艇を漕ぐときの姿勢。湖面や流れの緩い川で漕ぐ必要がないときは、写真のように足を投げ出してもいい。リラックスして周囲の景色を楽しもう。

「前進」と「回転」を覚えよう

前進＝フォワードストローク

　パックラフトは車と違い、前進しながら向きを変えてスムーズに曲がることが難しい。では、どのように操縦するかというと、はじめのうちは、進んでは回転、進んでは回転を繰り返しながら目的のポイントへ向かっていく。そのときに使う漕ぎ方のひとつが「フォワードスローク」だ。

　フォワードストローク（Forward Stroke）とは言葉のとおり、前方（Forward）へ進む漕ぎ方（Stroke）のこと。左右のブレードで交互に水をかき、両サイドの水を前から後ろへもっていくことで艇を前進させる。ちなみに、パドルを逆回転させると艇は後退し、この漕ぎ方は「バックストローク」と呼ばれている。

フォワードストロークで前進

基本は
前進と回転の繰り返し

水面での動きを分解すると、フォワードストロークとスウィープストロークを組み合わせて漕いでいくことがわかる。この2つの漕ぎ方を身につけることがパックラフトを操縦するための第一歩だ。

フォワードストロークで再び前進

スウィープ
ストロークで
曲がりたい
方向に回転

回転＝スウィープストローク

　フォワードストロークと組み合わせるもうひとつの漕ぎ方が「スウィープストローク」だ。

　スウィープストローク（Sweep Stroke）はその場で艇の向きを変える漕ぎ方で、水面をブレードで掃く（Sweep）ようにパドルを動かす様子からこのように呼ばれている。右と左に回転する方法の２パターンがあり、いずれもブレードを前から後ろに動かして、腰を中心に向きを変える。逆にブレードを後ろから前へ動かしても回転でき、逆パターンの漕ぎ方は「バックスウィープ」と呼ばれている。

　フォワードストロークとスウィープストロークの詳しい漕ぎ方は次のページから紹介する。

前進／フォワードストローク

動画はこちら！

　フォワードストロークは決して複雑な漕ぎ方ではない。下段の説明手順を見てもわかるとおり、体の正面に構えたパドルを操作して、水泳のクロールと同じ要領で、左右のブレードを使い交互に水をかくだけだ。

　ただし、実際に漕いでみると艇が右や左へ曲がってしまい、まっすぐ

1 片側のブレードを入水

写真では右側のブレードを水に差し込んでいるが、どちらから漕ぎ始めてもかまわない。

2 入水させたブレードで水をかく

ブレードの表面でしっかり水をキャッチして、艇のそばを通るように前から後ろへパドルを漕ぐ。

Point

ブレードは水中に完全に沈めるイメージで差し込む（写真左）。右の写真のようにブレードが水面から出ていると、そのぶん水をキャッチする面積が少なくなり、力強く漕げなくなってしまう。

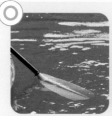

進めない人は多いはず。その原因には、左右で漕ぐ力が異なっていたり、ブレードで均一に水をつかめていなかったりすることなどが考えられる。まっすぐ進めるようになるには、ある程度の練習量が必要だ。

最初から完璧に漕ぐのは難しいので、まずはブレードでしっかり水をキャッチする感覚をつかむ。利き手と反対側のブレードで水をかくときは充分に手首を返す。はじめはこの2点を重点的に意識しよう。

Point
利き手側の手首を上向きに返すと、反対側のブレードが艇に対して直角に向き、水をしっかりキャッチできる。手首の返しが甘いとブレードが斜めになってしまい、水を切るような漕ぎ方になってしまう。

3

手首を返して反対側のブレードを入水

モデルは右利きなので、左のブレードを入水させるときに右手首を上向きに返している。

4

入水させたブレードで水をかく

2の手順と同じように、ブレードの表面で水をチャッチして前から後ろへパドルを漕ぐ。

フォワードストロークのコツ

　ここでは、フォワードストローク
のコツを4つ紹介する。練習しなが
らそれぞれを意識してみよう。

　ひとつは、ひざよりも前でパドル
を漕ぐこと。ひざから後ろで漕ぐと

艇が回転しやすくなってしまう。パ
ックラフトにタイヤが付いていると
仮定して、想像上の前輪の位置にブ
レードを差し込む感覚でパドルを操
作するといい。

タイヤの位置で漕ぐ

つま先の真横にタイヤが付いている様子を
イメージ。その位置にブレードを差し込む
感覚で漕いでみよう。

パドルをしっかり立てる

パドルを立てて、なるべく艇の真横を漕ぐ。
水をかくブレードがアウターチューブに近
づくほど直進性を得ることができる。

ふたつめは、パドルを立ててアウターチューブのそばを漕ぐこと。パドルを寝かせると、艇との間に距離ができ回転しやすくなってしまう。

3つめは、目線を意識すること。まっすぐ漕ぐには手元ばかりを見ずに、向かう目標物やそこへ至るルート（ライン）に目を向ける。

最後は、水中にコンクリートブロックが沈んでいる様子を想像する。それをブレードでつかまえたら、重さを感じながらパックラフトを前にもっていく感覚で漕ぐ。意識を変えるだけで得られる推進力が向上する。

目線を意識

向かいたい方向に目を向ける。手元ばかり見ているとまっすぐ進めないだけでなく、意識したルートも外しやすくなる。

ブロックを押さえるイメージ

想像上のブロックをブレードでキャッチしたら、重さを感じながら艇を前にもっていき、水面を走らせる感覚を意識してみよう。

回転／スウィープストローク

スウィープストロークのパドル操作は、前述のフォワードストロークと３つの点が大きく異なる。

スウィープストロークではパドルを立たせず、なるべく水平に構えて寝かせて使う。そして、ブレードで

できるだけ遠くを、弧を描くように漕ぐ。こうすることで艇を回転させやすくなる。さらに、パックラフトはもともと回転性が非常に高い乗り物なので、ブレードを水に差し込んで軽く動かしただけでも、その瞬間

スウィープストローク

右に回転

左に回転

▼

▼

右方向に艇を回転させたい場合は、左前方にブレードを差し込み、弧を描くように遠くを漕ぐ。体を軸にして腰の力を使い、その場でコマのように艇を回すイメージだ。反対に、

左へ艇の向きを変えたい場合は、右前方にブレードを差し込み、先ほどと同じく、弧を描くように遠くを漕ぐ。回転する方向を先に見るのもポイントだ。

から勝手に回り始める。力強く漕ぐ必要がない点もフォワードストロークとの違いといえる。

　スウィープストロークの漕ぎ方は、艇を回転させたい方向とは反対側にブレードを入水させる。たとえば、右に曲がりたい場合は左前方にブレードを差し込んで漕ぐ。左に曲がり

たい場合はその逆だ。

　スウィープストロークの要領を得ることができたら、パドルを後ろから前に向かって漕ぐバックスウィープも練習してみよう。

動画は
こちら！

バックスウィープ

右に回転

左に回転

▼

▼

バックスウィープはスウィープストロークと異なる点が2つある。ひとつは、後ろから前に水をかいて艇を回転させること。もうひとつは、回転したい方向と同じ側にブレードを差し込む点だ。つまり、右に向きを変えたい場合は右後方に、左に向きを変えたい場合は左後方にブレードを入水させる。弧を描く漕ぎ方や腰を使うポイントは変わらない。

スウィープストロークのコツ

練習で意識したいコツは3つある。

ひとつは、なるべく水平を意識しながらパドルを漕ぐこと。

ふたつめは、曲がりたい方向を先に見ること。これは「先行動作」と呼ばれていて、パックラフトを漕ぐときは常に先々の進行方向に視線を向けるとスムーズに操縦できる。

3つめは、フォワードストロークと同様に水中にコンクリートブロックが沈んでいる様子を想像して、水の重さを感じながら漕ぐこと。

それぞれのコツはバックスウィープにも同じことがいえる。

パドルは水平を意識

パドルが水平に近い状態で漕ぐほど回転力は上がる。パドルを立てないように注意しよう。

曲がりたい方向を見る

操縦中は常に向かいたい方向を目で追いながら漕ぐ。視線の後ろから艇がついてくるイメージだ。

ブロックを押さえて
腰で回るイメージ

水中にイメージしたブロックをブレードで押えて、水の重さを感じながら腰を使って回転。腰の力で艇を回す感覚をつかもう。

空気が抜ける、そのときは

　陸上でパックラフトを引きずったり水面で岩や壁にぶつけたりすると、アウターチューブに穴があいて空気が抜けることがある。このとき、穴がひと目で確認できる大きさでない場合、徐々に艇がしぼむという恐ろしい事態になることも。目で見えないほど小さい穴は「ピンホール」と呼ばれていて、見つけるにはコツがいる。だが、修理は比較的簡単にできる。パックラフトにピンホールがあいて空気が抜けてしまうトラブルに備えて、リペアアイテムを使った応急処置の方法を学んでおこう。

1 テープとタオルを用意

使う道具は、接着力の高いテープと吸水性の高いタオル。写真はダクトテープと、水泳などでよく使われるセームタオル。

2 水をかけてピンホールを見つける

水をかけては観察を繰り返そう

アウターチューブに水をかけて、細かい気泡が生じたポイントが補修箇所。注意深く観察してピンホールを見つけよう。

3 穴の周りをタオルで拭く

ピンホールの位置が特定できたら、周りの水分をタオルでしっかり拭き取り、テープを貼りやすい状態にする。

4 テープを貼る

ピンホールを完全に覆うように、少々広めにテープを貼る。テープの内側に空気が残らないように丁寧に作業しよう。

パックラフトを小さくたたむ

　満足するまで遊んだら、陸に上がって撤収作業に取りかかろう。パックラフトのたたみ方は、ただ空気を抜くだけと思うかもしれないが、適当に丸めても購入当初の収納サイズまで小さくするのは難しい。ポイントは、すぐに片づけたい気持ちを抑えて、何回かに分けて丁寧に空気を抜くことと、ひざを使って最初からできるだけコンパクトに丸めること。フィールドで手間取らないように、出かける前に自宅などでパックラフトをふくらませてみるなど、練習をしておくといいだろう。

1 バルブを開けて　パーツを取り外す

バルブを開いて自然と空気が抜ける状態にする。シートやフットブレイスがある場合は取り外したほうが小さく収納できる。じゃまにならない場所で作業しよう。

2 二つ折りにして　空気を抜く

パックラフトを傷つけないように、地面に鋭利な石などがないことを確認したら、まずは艇を二つ折りにして、上に覆いかぶさりながら圧力を加えてあらかたの空気を抜いてしまう。

バルブに向かって丸めていく

二つ折りにした艇を広げて、今度はバルブに向かって丸めていき、残る空気を押し出していく。

バルブの近くまで丸めたら、本体をひざで押さえながら残っているわずかな空気を手で押し出す。

ほとんどの空気を抜くことができたら、バルブを閉じて空気の逆流を防ぐ。

三つ折りにしてたたむ

最後にもう一度パックラフトを広げたら、今度は両サイドを内側にたたんで、きれいな三つ折りにする。

バルブの反対側から艇をなるべく小さく丸める。ヒザを使って本体を押さえながら丸めると作業しやすい。

最後まで丸めたら残りの空気を抜き、ストラップなどでパックラフトが開かないようにまとめておく。

楽しみを共有する
コミュニケーション術

パックラフトで川を漕いでいると、自分たち以外にも川を楽しまれている人たちがたくさんいることに気づきます。釣りをしていたり、カヌーの練習だったり、川辺でのんびりリラックスタイムを決め込んだり。それぞれが自由に楽しめるところが川の魅力でもあります。

「川は誰のもの？」というのは、パドラーの間でよく話されるテーマです。これに関しては「みんなのものなので、ほかのビジターに配慮しましょう」というのが、気持ちよく川を漕ぐうえでの大切な考え方だと思います。

ビギナーのころは、パックラフトの操縦もままならず、避けようとしても意図せぬ方向に艇が進んでしまい、釣り人などに迷惑をかけてしまうケースもあるでしょう。

たとえば、釣り人がいることに気がついたら、できるだけ離れて静かに通過するのが、川の上でのマナーです。にっこり笑顔で会釈をすると、気持ちよく返してくださる方がほとんどですよ。

川幅が狭く、釣り糸のすぐそばを通らざるをえない場合は、岸に上がって歩いて通過することもできます。これも軽量なパックラフトの利点といえます。

自分の楽しみだけを優先するのではなく、共に川で過ごす人たちへの配慮ができるパドラーが増えれば、自分たちが遊ぶ環境で暮らしている地域の方々にも応援され、川というフィールドがより楽しみやすいものになるのではないかと考えています。

文・写真／柴田大吾

自然はみんなの共有財産

川にはさまざまなアクティビティがある

ダウンリバーに
挑戦しよう！

ダウンリバーとは？

パックラフトに限らず、カヤックなどで遊ぶ＝艇で川を下る様子をイメージする人は多いだろう。飛沫を浴びながら急流を下ったり、泊まりの荷物を持って緩やかな流れをのんびり漕いだり、想像するだけでワクワクしてこないだろうか。

艇で川を下ることは「ダウンリバー」とか「リバーツーリング」と呼ばれている。ダウンリバーは、湖では体験できないスリルや旅情を楽しめる、パックラフトの醍醐味だ。

ただし、ダウンリバーは湖で遊ぶときよりも、少々ハードルが高くなる。まず、どの川のどの区間が比較的安全に下れるのか、情報を集める必要がある（P64参照）。川の地形や注意すべき川の流れを読んで、リスク回避に努めることも欠かせない（P66参照）。また、急流を下るときは、よりテクニカルな操縦技術も求められる（P76参照）。

ダウンリバーは、必要な知識と技術を学んだうえで安全に挑戦しよう。

白波が立つ区間はダウンリバー最大のアトラクション。スリルと達成感で病みつきになる

変化する川の地形

　川は台風などの大雨で一度でも増水すると、それだけで川幅や流れが曲がるポイント、岩や消波ブロックといった障害物のある位置まで簡単に変わってしまう。そして、かつては比較的安全に下れた場所が危険なポイントに様変わりするといったケースも珍しくない。つまり、過去の情報が参考になりづらいのだ。

　そのため、ダウンリバーの計画を立てるときは、“最新の情報”を集めることが重要になる。過去の情報だけを参考にして、それを鵜呑みにした計画を立てないように注意しよう。

大雨で増水した川の様子。岩や大木が流され、過去には橋が壊されたケースもある

川の難易度について

川の難易度を評価するものに、International scale of river difficulty（川の難易度の国際スケール）がある。難易度はⅠ～Ⅵに分かれ、クラスⅠが最もやさしく、クラスⅡまでが初級とされる。本書のフィールドガイド（P140）では、このスケールを基準に難易度を表記した。ただし、川の難易度は水量次第で変化するため、あくまで目安としてとらえよう。

クラス I	さざ波が立つレベルの穏やかな流れ。障害物はほとんどなく、危険性は少ない
クラス II	幅の広い素直な急流。操縦が必要な場合もあるが、熟練者であれば障害物やウェーブを簡単に回避できる
クラス III	不規則な波があり、避けるのが難しい急流。泳いでもケガはしづらいが、流され続けるのを防ぐにはチームレスキューが必要
クラス IV	乱流の中で正確な操縦が求められる予測可能な急流。避けられない大きなウェーブやホールなどがある場合もある
クラス V	非常に長い急流、障害物のある急流、または激しい急流。泳ぐのは危険で、救助は専門家でも困難な場合が多い
クラス VI	このクラスの川のダウンリバーはめったに行なわれない。ひとつのミスが命取りになり、救助が不可能な場合もある

情報の集め方

ダウンリバーにおいて必要な情報の集め方は、2通りの方法が考えられる。ひとつは、計画を立てたい川で行なわれているツアーなどに参加すること。現地の川に精通するガイドから学べることはいくつもあり、一度でもガイド同行のもとで川を下っておくと、次に自分たちで計画を立てるときのハードルは初見のときよりも低くなる。

もうひとつが、書籍やインターネットから集める方法だ。過去には川のフィールドガイドを収録した本もあり、いまでも古本などで入手できる。ただし、いずれも情報の鮮度には気をつけること。繰り返しになるが、川は地形が変わりやすく、過去の情報が役に立たないケースが多い。情報が変わっていた場合、現場で軌道修正する力量が必要だ。

ツアーに参加する

ツアーに参加すれば、スタートやゴール地点、注意すべきポイント、ローカルルールなども学ぶことが可能。地元ガイドと知り合いになれば情報を共有できる可能性もある。

書籍は必要な情報がまとまっているが、年月とともに古くなってしまうのが欠点。インターネットで検索できる個人のブログなども参考になるが、いつのタイミングの情報かチェックして、鵜呑みにしないことが肝要だ。

下調べで外せない
3つのポイント

危険な障害物の有無と、当日の川の水量を必ずチェック。魚の放流日や大会といったイベントがある日は、川に入るのを控えたほうがいい。川の水量を調べるときは、国土交通省の「水文水質データベース」が役に立つ。地図や水系から観測所を検索でき、観測データを閲覧できる（http://www1.river.go.jp/）。

1 堰堤や消波ブロックなどの有無

2 現在の川の水量

3 魚の放流日や大会などの有無

4／ダウンリバーに挑戦しよう！

川の流れや地形、注意点を覚えよう

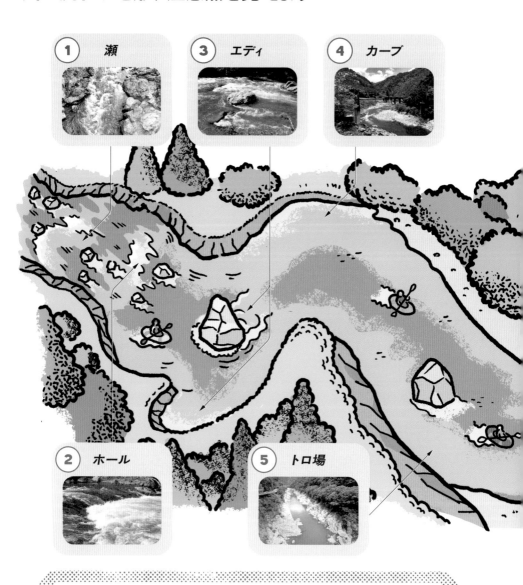

① 瀬

③ エディ

④ カーブ

② ホール

⑤ トロ場

右岸と左岸 上流から下流を見たとき、右にある岸が右岸、左にある岸が左岸。実にわかりやすいが、やっかいなのが下流から上流を見たとき。この場合も右岸と左岸の位置関係は変わらない。つまり、下流から上流に向いた場合は、右手側が左岸、左手側が右岸になる。

＊図中の①〜⑧はP68〜69、⑨〜⑪はP70〜71の説明と対応しています。

10 ストレーナー

9 堰堤

8 合流地点

4／ダウンリバーに挑戦しよう！

6 ザラ瀬

7 中州

11 橋脚

地形がつくりだす川の流れ

川の流れは、勾配がきつく川幅が狭くなった場所では速くなり、逆に勾配が緩く川幅が広いところでは遅くなる。注意すべきは勾配がきつい区間で、流れが複雑な「瀬」と呼ばれる状況になりやすく、ホールが形成されることも多いため、安全に漕ぎ下るには相応の技術が要求される。また、流れの合流地点も波でバランスを崩しやすい。ダウンリバーに挑む前に、どんな地形や流れがあるのか把握しておこう。

① 瀬

勾配がきつく白波が立っている場所。流れが複雑でホールが潜んでいることも多い。前方に瀬を発見したらスカウティング（P75参照）を行ない、事前にラインを確認したい。

② ホール

瀬に形成されることが多い大きな落ち込みのこと。流れが巻き返す縦方向の渦が発生し、規模が大きくなると入り込んだ場合に抜け出せなくなる危険がある。

③ エディ

岩の下流側や川がふくらんだところにできる反転する渦の流れ。いい休憩ポイントになる。

④ カーブ

川が曲がるところ。カーブの外側は流れが速く水深も深い。逆に内側は流れが遅くて浅い。

⑤ トロ場

勾配が緩く、流れが緩やかか、ほとんどないところ。しっかり漕がないと前に進まない。

⑥ ザラ瀬

極端に水深が浅いところ。川幅が広いところにできやすく、艇が漕げなくなる場合もある。

⑦ 中州

川の中にある陸地。中州があると流れは二手に分かれ、基本は水量の多い流れを下る。

⑧ 合流地点

ふたつの川が合わさる地点。波が立ちやすく、横からぶつかるとバランスを崩しやすい。

障害となる人工物や危険な流れ

　川には人工物も点在し、危険な障害物として知られている。その代表格が堰堤と消波ブロックだ。

　堰堤は、川につくられた小規模なダム。その先には少なからず落差のある流れが控えており、その落ち込みには危険な巻き返しの渦が発生し、入り込むと抜け出せなくなる危険性が非常に高い。堰堤が現われたら、陸から迂回するのが定石だ。

　消波ブロックはテトラポッドの名称でも知られている人工物。ここに流れがぶつかると、水は通すが艇や人といった物体は通さない、ストレーナーと呼ばれる障害物に変貌する。ストレーナーに張り付くと動水圧で抜け出すことが困難になり、非常に危険な状態になってしまう。消波ブロックを見つけたら、意識して離れたラインを選ぶようにしよう。

9

堰堤

ホールと違い、巻き返しの渦が均一な力で一直線に発生するため、抜け出せなくなる危険性がかなり高い。遡上する魚のためにつくられた魚道を下るときは、自身の安全や魚への影響を充分に検討し判断する必要がある。

⑩ ストレーナー

水は通すが物体は通さない危険な障害物。岩や橋脚に引っかかった流木、消波ブロックなどがストレーナーになりうる。岩の隙間に流れが入り込んでストレーナーのようになっているところは「シブ」という。

⑪ 橋脚

こちらも注意したい人工物のひとつ。流れがあると下流側にエディができるが、上流側に横向きでぶつかると艇が動水圧で張り付いてしまう可能性がある。近づかないほうがいい。

流れの性質と水中の動き

川の流れを眺めていると、岸側と真ん中付近で速さが異なることに気づくはずだ。流れは川の中央に行くほど、水面に近づくほど、速くなる。

水面に波（ウェーブ）が現われている場合、その下には起伏や岩が隠れている可能性が高く、水中にある岩などの先にはホールも形成されやすい。比較的安全と思われるウェーブは勢いをつけて突破できるが（P76参照）、危険と判断したら艇の向きを変えて回避する必要がある。

露出した岩などに横からぶつかると、上流からの動水圧で押されて転覆する可能性があるため、ハイサイドで対処する（P78参照）。

ほかに、水中に潜むアンダーカット、本流とエディの間にできるエディライン、ストレーナーにおける水の流れについても学んでおこう。

流速について

川が一直線の場合の、流れの速さを図で表わしたものが右のイラストだ。最も速い中央の流れは本流（ストリーム）と呼ばれ、縦に見ると水面直下の少し下がいちばん速い。

遅い ← 速い → 遅い

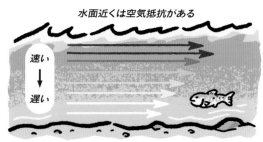

水面近くは空気抵抗がある

速い
↓
遅い

ウェーブとホール

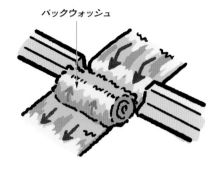

水面に生じる波がウェーブで、水中にある岩などの先にある落ち込みがホール。縦方向に巻き返す渦ができる大きなホールは「ストッパー」とも呼ばれる。

堰堤では、横一列の均一なホール（ストッパー）ができ、巻き込まれると抜け出しにくく、非常に危険。水面上の巻き返しの波は「バックウォッシュ」と呼ぶ。

アンダーカットとクッション

アンダーカットとは、水面下で岩や壁が流れによってえぐられた部分のこと。水中に引き込む流れがあり、入り込むと動水圧で脱出できなくなる危険性がある。クッションの有無を目安にして、アンダーカットがあると思われるポイントには近づかないようにする。

流れは左右に分かれる

流れが岩や壁にぶつかると、左のように上昇する白い波ができる。これがクッション。右のようにクッションがない場合、水中にアンダーカットが潜んでいる可能性が高い。

73

本流、エディ、エディラインの位置関係

流れが反転するエディと本流との境がエディラインで、本流のスピードが速いほど流れは不安定な状態にな

る。エディに入る、もしくは出るときはエディラインを越える技術が要求される（P80、P82参照）。

ストレーナーとシブの水の流れ

ストレーナー（Strainer）はこし器を意味する名前のとおり、水は通すが物体は通さない。そのため、ストレーナーにぶつかると動水圧で張り付けの状態になりやすく、非常に危険。過去には死亡事故も起きている。シブにも同様の流れが生じている。

どこを下るかはパドラー次第

下るルートをラインと呼び、広い川の中でどこを下るかはパドラー本人に委ねられる。極端な話、安全を最優先するなら転覆の可能性がある区間はすべて陸から迂回するのもひとつの判断だ。逆に、経験を積んで艇の操縦に慣れてきて、転覆しても危険な目に遭う可能性が低いと判断できる場合は、ウェーブやホールを突破する難易度の高いラインにチャレンジしてもいい。ラインを考えるのもダウンリバーのおもしろさだ。

多摩川の御岳付近にある通称「三ツ岩」。黄色い線のようなラインが考えられる

スカウティングとポーテージ

スカウティングとは下見のこと。通常、エディや陸から行なう。川を下りながら前方に瀬や障害物が現われたら、一度安全な場所からスカウティングを行ないたい。その結果、陸から迂回したほうがいいと判断した場合、艇を担いで通過する。瀬や障害物を陸から歩いてやり過ごすことをポーテージという。

大きなウェーブを突破しよう

前方に現われたウェーブは、素直な流れであれば危険性は低く、正面から突破できることのほうが多い。ウェーブを越えるときに意識するポイントは4つある。突入する前にしっかりスピードをつける。ウェーブに対してまっすぐ進入する。前傾姿勢を意識してウェーブを越える。最後まで漕ぎきる。迫りくるウェーブに恐怖を感じるかもしれないが、逃げ腰にならず前傾姿勢を保ったまま向かっていく意識が大切だ。

**最後まで
漕ぎ切る**

ウェーブの頂点を越えたら、体を前に倒して重心を前方へ移動。バウがしっかり水面に接する状態をつくって、最後まで漕ぎきる。

1

スピードを
つける

ウェーブを乗り越えると
決めたら、対象に向かっ
てフォワードストローク
を行ない、充分なスピー
ドをつける。初動は早け
れば早いほどいい。

2

まっすぐ
進入する

フォワードストロークを
しながらバウの向きを調
整。ウェーブに対してま
っすぐ進入する。斜めに
突入するとバランスを崩
しやすくなってしまう。

3

ウェーブを
越える

ウェーブの頂点を越える
瞬間、バウが持ち上がっ
たときに体勢が後傾にな
ると転覆する可能性があ
る。前傾を意識しながら
漕ぎ続ける。

ハイサイドで転覆回避

　たとえば、前方に現われた大岩を避けようとしてバウの向きを変えたものの、前進が間に合わず横向きの状態でぶつかってしまうことがある。岩や壁など障害物に側面から衝突すると、上流からの流れを受けて艇がひっくり返る可能性が高い。このような転覆を避けるために、上半身を下流側に傾けて体重をかけ、流れを受ける上流側のアウターチューブを持ち上げて流れを逃がす。このテクニックをハイサイドという。

ハイサイドでは下流側、すなわちぶつかる障害物に向かって上半身を傾けて、上流側のアウターチューブを持ち上げて流れを逃がす。この状態のまま流れに乗って岩を迂回する。

艇の上流側で受ける力は、流れが速くなるほど強くなる。何もしないと大人の男性でもいともたやすくひっくり返されてしまう。

1

側面に体重をかける

障害物に側面からぶつかると、障害物と流れに挟まれて艇が傾く。このとき、下流側に上半身を傾けて、体重をかけて上流側のアウターチューブを持ち上げる。

Point

体をぶつけるイメージ

体重をかけるときは、体ごと障害物にぶつかるイメージで行なうといい。写真の場合は岩に向かって体当たりをする感覚だ。

2

体を傾けたまま通過

ハイサイドを行なったら、上体をキープしたまま、左右に分かれるどちらか一方の流れに乗る。あとは流れに任せて障害物をやり過ごす。

ストリームアウト（本流から出る）

エディライン

1.エディライン
に入る

2.バウを
上流に向ける

4.エディに入る

3.上流側にブレードを入れる

1 エディラインに入る

フォワードストロークでスピードをつけて、
鋭角を意識しながらエディラインへ進入。

2 バウを上流へ向ける

バウがエディラインに入った瞬間、スウィー
プストロークでバウの向きを上流に変える。

エディラインを越えて、本流からエディに入ることをストリームアウトという。適当なエディで休憩したいときなど、このテクニックを多用する。緩やかな流れであれば難しくはないが、流れが速いとエディラインが壁となり、勢いがないと跳ね返されてしまうこともある。突っ切るときのポイントは、エディラインに入るときのスピードと角度。充分な勢いをつけてから鋭角に進入する。進入角度は45～60度が目安になる。

動画はこちら！

Point

3の手順のパドル操作

エディのなるべく奥のほうで、逆流する流れが発生しているところの上流側に、パドルを立てて水を押さえるようにブレードを差し込む。このとき、上手は常に額の位置をキープ。パドルを軸にして、艇をやや内側に傾かせながら回転する。

下流側から
上手は額の位置

横から
パドルを立ててブレードで流れを押さえるイメージ
上流　　下流

3　上流側にブレードを入れる

艇が半分以上エディラインを越えたら、水を押さえるように上流側へブレードを差し込む。

4　エディに入る

入水させたパドルを軸に艇を回転させて、バウを上流に向けて完全にエディに入る。

ストリームイン（本流に入る）

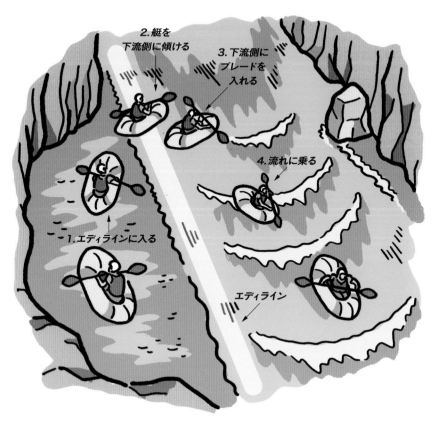

2. 艇を下流側に傾ける

3. 下流側にブレードを入れる

4. 流れに乗る

1. エディラインに入る

エディライン

1 エディラインに入る

斜め上流に向かって漕ぎ上がり、エディラインに入る。進入角度は、流れの速さと向かいたい方向によって変わる。

2 艇を下流側に傾ける

バウがエディラインを越えた瞬間、側面に流れを受けて転覆する可能性がある。これを防ぐために、艇を下流側に傾けてパックラフトの上流側に当たる流れを逃がす。

ストリームアウトとは逆に、エディラインを越えて、エディから本流に入ることをストリームインという。ストリームアウトのときと同様に、エディラインを突破するにはスピードと角度がポイントになる。エディの中からフォワードストロークで勢いをつけて、上流方向に約45度の角度でエディラインに進入。エディラインを越えて本流に出たら、流れを押さえるように下流側にブレードを差し込み、パドルを軸に回転する。

動画はこちら！

Point

3の手順のパドル操作

エディラインを完全に越えた直後、ストリームアウトとは逆に、ここでは下流側へパドルを立てて流れる水を押さえるようにブレードを差し込む。パドルを軸に艇は急激にターンし始めるので、バウ側に直接流れを受けないように艇を下流側に傾けながら回転する。

上流側から

上手は額の位置

横から

パドルを立ててブレードで流れを押さえるイメージ

下流　　　　上流

3 下流側にブレードを入れる

艇が本流に入ったら、水を押さえるように下流側へ素早くブレードを差し込む。

4 流れに乗る

入水させたパドルを軸に、艇を少し下流側に傾けながら回転し、そのまま流れに乗る。

フェリーグライドで流れを横切る

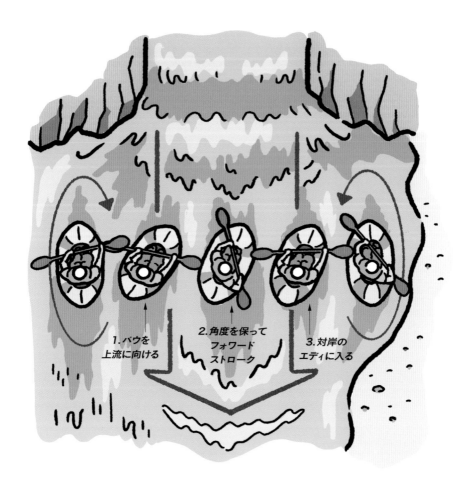

1. バウを上流に向ける

2. 角度を保ってフォワードストローク

3. 対岸のエディに入る

フェリーグライドとは、流れを横切って対岸に渡る技術のこと。単純に、向かいたい岸に対してまっすぐ進むと、流れによって下流へどんどん流されてしまう。そのためフェリーグライドでは、バウを上流に向けてフォワードストロークを行ない、流される力と前進する力の合力で対岸に渡る。

本流を横切るときは斜め上方向からの流れを受け流すように、艇を少しだけ下流側に傾けながら漕いでいく。

動画はこちら!

1

バウを
上流に向ける

エディのなかでバウを上流に向けてからエディラインを越える。流れに対するバウの角度をフェリーアングルといい、45度が基準。

バウの向き

進みたい方向

2

角度を保って
フォワード
ストローク

適当なフェリーアングルを維持して漕ぎ上がり、流れを横切る。このときの角度は流れが速いほど小さくなり、遅いほど大きくなる。

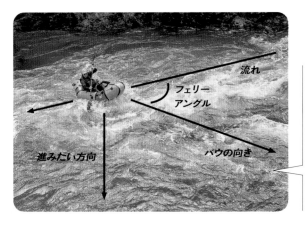

流れ

フェリーアングル

進みたい方向

バウの向き

3

対岸の
エディに入る

フェリーアングルをキープしつつ、少し下流側に艇を傾けた状態で漕ぎ続ける。最後は流れをしっかり横切って対岸のエディに入る。

エディに入る

リバーサインとホイッスルシグナル

ダウンリバー中は、川音の影響で、遠く離れた仲間に声が届かないことがある。そこで覚えておきたいのが、身振り手振りで意思を伝えるリバーサインだ。このサインは世界共通で、動作が統一されている。ここでは数あるサインのなかから、使用頻度の高いものを抜粋して紹介する。

仲間とコミュニケーションをとるときはホイッスルを使うこともあり、鳴らし方で伝えたい意味が異なる。リバーサインと一緒に覚えておこう。

オールクリア

了解です！

進め、行きます、準備できた、などの意味がある。手を上げるかパドルを垂直に立てる。

OK

了解を意味するサイン。指先を頭につけて、片手で輪をつくるイメージ。

ゆっくり　　急げ

ゆっくりは手のひらを下に向けて体の横で上下させる。急げは手を垂直に上下させる。

ストップ

両手を水平に広げる。もしくは持ったパドルを水平にして片手で頭上に持ち上げる。

指示した方向へ

進路を伝える合図。片腕は垂直、もう一方の腕を右か左に水平に倒す。

エディに入る

エディに
入ってひと休み

片方の手を高く上げて指で円を描きながら、もう一方の手でエディがある方角を指し示す。

SOS

救助を求めるサイン。広げた両手を高く上げて左右に大きく振る。

ファーストエイド

応急処置が必要、もしくは必要な事態が起こったサイン。両手の場合は胸元で交差させる。

ホイッスルの使い方

ピッ（単音1回）	注目、アテンション
ピッピッ（単音2回）&上流を指し示す	上流側を見ろ、上流側へ行け
ピッピッピッ（単音3回）&下流を指し示す	下流側を見ろ、下流側へ行け
ビービービー（長音3回）	緊急事態発生、救援求む

ホイッスルはすぐ使える位置に取り付けておく

パックラフト用語集
（あ〜さ行）

● あ行

アグレッシブスイム：クロールなど
で積極的に前向きに泳ぐこと

アンダーカット：水面下で岩や壁が
えぐられた部分のこと。水中に引き
込む流れがある

ウェーブ：波のこと

右岸：上流から下流を見て右手側に
ある岸

エディ：反転する渦の流れ。岩の下
流側などにできることが多い

エディライン：本流とエディの境

オールクリア：進め、行きます、準
備できたなどを表わすリバーサイン

● か行

カーブ：流れが曲がっているところ

カヌー：パドルで漕ぐ小型の艇の総
称。シングルブレードパドルで漕ぐ
艇はカナディアンカヌーと呼ぶ

カヤック：ダブルブレードパドルで
漕ぐ艇の総称

クッション：流れがぶつかる岩や壁
の上流側にできる跳ね返りの白い波

● さ行

再乗艇：転覆したあと再び艇に乗り
込むこと

左岸：上流から下流を見て左手側に
ある岸

ザラ瀬：流れがあり、極端に水深が
浅いところ

シブ：岩が詰まってストレーナーの
ような流れになっているところ。サ
イフォンとも

スウィープストローク：前から後ろ
に漕いで艇を回転させる漕ぎ方

スカウティング：下見のこと。瀬な
どを下る際はスカウティングでライ
ンを確かめる

スターン：船尾のこと

ストリーム：本流のこと

ストリームアウト：本流からエディ
に入ること

ストリームイン：エディから本流に
入ること

ストレーナー：水は通すが物体は通
さない障害物。消波ブロックや流木
などがストレーナーになりやすい

瀬：勾配がきつく白波が立っている
場所。ホールができやすい

セルフベイラー：艇に備わる自動排
水機能。これがあるとフロアに水が
たまらない

※P104に続く

泊まりながら
川を下ろう！

ダウンリバーキャンプの魅力

泊まりがけの川下りを「ダウンリバーキャンプ」などという。

バックパックに入れて持ち運べるパックラフトは、旅の移動手段としても魅力的だ。艇と野営道具一式を担いで遠くへ出かけ、川を下って適当な場所で一泊。近くに温泉や飲食店があれば立ち寄ってもいいだろう。そして、翌日も川を下り、好きなタイミングで帰路につく。景色の変化を感じながら、流れに乗って土地を巡る非日常体験がそこにはある。

パックラフトが登場する以前は、そもそも10kgオーバーの艇を運ぶのが大変だった。しかし、パックラフトは容易に持ち運べて、電車やバスでの移動も可能。スタートとゴール地点が異なる計画にうってつけだ。

自転車と組み合わせた遊びを実践している人もいて、川を下り、自転車をこいで、また川を下る。そんな自由なスタイルを考えられるのもパックラフトの魅力といえる（自転車の積載方法についてはP102参照）。

人工物が少ない野外で寝泊まりすると、自然との距離が近くなる

泊まる場所と野営スタイル

幕営適地

キャンプ場か河原

キャンプ場が便利だが、河原で寝る場合は土地の管理者に確認をとろう。

川から離れる

河原に泊まる場合は、増水に備えて川から離れる。水面から一段高くなっていると安心だ。

就寝スタイル

そのままゴロ寝

パックラフトをベッドにして、荷物は艇のなかに収納。雨の心配がなければこれでも OK。

シェルターを使う

軽いタープやツエルト（簡易テント）などでプライベートな空間をつくってもいい（タープの張り方については P100 参照）。

ダウンリバーキャンプの必要装備

収納袋とストラップ（ベルト）

50cm
前後を
4本用意

← ドライバッグ

道具を濡れから守る防水袋。
荷物が収まる大きさで、生地
が丈夫なものがおすすめ。

ストラップ

艇に荷物を固定するときに使
用。樹脂製のパーツで固定す
るナイロンベルト（右）やス
キーストラップ（下）が便利。

泊まり装備

シュラフやシュラフカバー →

夏はシュラフカバー1枚で
眠れることもある。寒さが
気になるようならシュラフ
を準備しよう。マットはパ
ックラフトで代用可能。

雨や
日差しを
遮ろう

シェルター

パックラフトの機動力
を生かすために、ター
プなどなるべく軽いも
のを選ぶといい。

ヘッドランプ

暗闇で行動するときに
使用。手元を照らす明
るさがあれば充分。

容量の
目安は
2ℓくらい

食器など

クッカー＆カトラリー

クッカーとは、火にかけられる金属製の小型の鍋類。これとバーナーでお湯を沸かす。

バーナー

調理に使う火器。軽くて小さいものが使いやすい。対応するガスカートリッジも用意。

ウォーターボトル

水を汲んでおくための水筒。素材が柔らかいものだと小さく丸めて収納できる。

そのほかのアイテム

必要性は高くないが、あると便利な小物たち

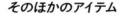

小型ランタン

電池や充電式の小さいランタンが売られている。あたりを照らすと夜の快適性がアップ。

虫よけグッズ

防虫ネットや虫よけスプレーなど。蚊やアブといった吸血生物が多く生息する川もある。

ライター

バーナーの点火装置が壊れたときの備え。流木などで焚き火をするときにも使用する。

5／泊まりながら川を下ろう

93

バックパックにまとめて収納

パックラフトとそのほかの装備は、なるべくコンパクトに持ち運びたい。運搬には両手が自由になるバックパック（P39参照）がおすすめで、泊まりの場合、荷物をひとまとめに収納できる60ℓ以上の容量が目安となる。

荷物を詰めるときは、使用頻度が低くて軽いものが下、使用頻度が高い、もしくは重いものは上にくるように意識するとバランスがよくなり背負いやすい。かさばるヘルメットやPFDは外にくくり付けてもいい。

バックパックに荷物をまとめた様子。荷室の上にヘルメットをのせて、PFDはバックパックにかぶせている

パドルは中に収納

スペースがあればパドルはバックパックの中に入れてもいい。ブレードを下にして、荷物とバックパックの隙間に差し込む。

防水対策を万全に

ファーストエイドキットや携帯電話、着替えなど、濡れると困る荷物は防水サック（P39）やドライバッグ（P92）で入念に水から守る。

荷物をパックラフトに積載する

荷物を積載すると、障害物に引っかかったり、バランスを崩しやすくなったり、少なからずリスクが増える。なるべく安全に川旅を楽しむために、意識すべき積載方法の注意点を学んでおこう。

まず、野営道具や着替え、食料など、幕営地に到着するまで使わない荷物は、しっかりと防水対策をしたうえでバックパックにしまい、パックラフトのバウ側にくくり付ける。このとき、障害物にからまるトラブルを避けるために、ひもなどで輪ができないように気をつけよう。

荷物を積む場所は、バウのいちばんふくらんでいるところだと重心が前方にかかりすぎて、バランスが悪くなってしまう。最もふくらんでいるところから少し手前、足元にかぶさるくらいの位置がベストで、重心が偏らず艇のバランスがよくなる。

使用頻度の高い小物や食料は、PFDのポケットや足元、腰回りのじゃまにならない位置に収めるといい。

渓谷から河口までつなげた旅のワンシーン。
漕いでいるときは荷物を取り出しにくいので、
食べ物など必要なものは近くに置いておく

ダウンリバーキャンプでの積載例

位置は先端より手前 ◯

荷物は、乗り込んだときに全体の重心が艇の中心にくるように考えて積載する。前方に積むとバランスが悪くなり視野も狭くなる

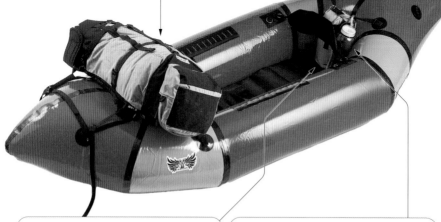

乗り心地アップのコツ

バックレストがある場合、後ろに柔らかい荷物を挟むと緩衝材になり乗り心地が向上する

水筒は外に出さない ✕

水筒はカラビナという登攀ギアなどで固定。操縦のじゃまになるので必ず内側に収める

カラビナ

前に積むか後ろに積むか

荷物は、基本、前（バウ側）に積むというだけで、後ろ（スターン側）に積んではいけないという決まりはない。たとえば、前方に自転車を積んだときなどは、それだけでバウ側が重くなるので、野営道具などはスターン側に積んだほうがバランスがよくなる。

バックパックの積載手順

① ストラップをまとめる

岩や流木などに引っかかると危険なので、肩ひもや腰ベルトなどはきれいに束ねる。

② ナイロンベルトで連結

グラブループ（P30）に通したベルトやストラップで、艇とバックパックを連結させる。

③ 四方向を固定

肩ひもと腰ベルトの縫い付け部分などにベルトやストラップを通して、四方向から固定する。

④ ストラップは垂らしておく

余ったベルトやストラップの末端は、転覆時につかまれるように垂らしておいてもOK。

積載専用バッグ

荷物積載用のギアがあり、通称「バウバッグ」と呼ばれている。艇に固定しやすく、防水性の高い生地で作られており、開閉部分には止水ファスナーが使われているため、完全防水ではないが飛沫程度なら荷物を濡れから防いでくれる。持っていると役立つ便利グッズだ。

長距離ダウンリバーのコツ

泊まりがけの計画では、丸一日かけて川を下るような、長い距離を漕ぎ続けることもあるだろう。時間も距離も長くなればなるほど、体への負担は増し、慣れていないと疲れがどんどんたまっていく。

長距離を下るときは、一にも二にも省エネが大切。余分な力をいかに使わないで漕ぎ進めるかがポイントになる。体の使い方、流れの見極め、向かい風での漕ぎ方など、覚えておくと役立つコツを紹介する。

リラックスして
全身を使う

パドルを漕ぐときは、なるべくリラックス。肩に力が入り、ひじが上がって脇が開いている状態は力みすぎ。ひじを下げて脇を締める"エルボーダウン"を心がけながら、腕だけでなく、肩や背中、お尻や足の力も使って漕いでいこう。

速い流れを
見極める

川の中には流れの速い場所と遅い場所があり（川の流速についてはP72参照）、速い流れに乗ったほうが省エネで前進できる。特に流速の差が顕著に現われるのは地形的に流れが曲がる場所で、カーブの外側のほうが流れは速い。

向かい風に
負けない漕ぎ方

向かい風に吹かれると軽いパックラフトは途端に進みづらくなる。このとき、両方のブレードが水から出ていると風による抵抗を受けやすくなるので、まずは水をかくピッチを早くしよう。そして、長いストロークを心がけて、ひとかきで進む距離を長くする。早いピッチと長いストロークを意識して風に向かっていこう。

障害物は
航空写真で
対策を練る

奥行きのある瀬や巨大な堰が現われたとき、艇で下れるのか迂回すべきか、ポーテージ（P75）する場合、左岸と右岸のどちらが適切か、ひと目で判断するのは難しいときがある。そこで役立つのが、地図アプリの航空写真。画像が最新ではない点には注意が必要だが、対策を考えるうえで貴重な参考資料になる。

パドルでタープを張ってみよう

野営に使うシェルターには、テントやツエルト（簡易テント）など、さまざまなタイプから好みを選べる。なかでもタープは軽量でパドル1本でも張ることができるため、使用しているパドラーが比較的多い。ここでは四隅を固定してパドルで天井を高くする方法を紹介する。

用意するアイテムは、パドルとタープ本体、自在付きの細引き4本、タープとパドルを連結するベルトやストラップ1本。

細引きとは直径2～4mmのナイロンロープで、基本は長さを調整できるように自在が付いた状態でタープに付属している。ベルトやストラップは荷物をパックラフトに積載するときに使ったものでOKだ。

完成

夏でも日陰で
涼しく快適

パドルを短くしてタープの裾を地面に近づけると、風の吹き込みを防ぐこともできる。

① タープの四隅を
固定する

ループ状になっている
細引きの末端を石など
に結び、そこに重しを
かぶせて四隅を固定。

② パドルに
連結

タープの長辺側の真ん
中にあるループにスト
ラップやベルトを通し、
それをパドルのブレー
ドにくくり付ける。

③ パドルを
立ち上げる

立ち上げたパドルは、
動かないように接地す
るブレードを重たい石
などで挟んで固定する。

自在
上にスライドさせると
ひもが短くなる

④ テンションを
かける

細引きに付いている自
在を調節して、パドル
が倒れないように四隅
をしっかり張る。

自転車の積載方法

　前輪と後輪、ペダルを取り外せる自転車であれば、パックラフトに積載できる。このときに注意したいのが、パックラフトへのダメージについて。車体のチェーンホイールや後輪のスプロケットなど、鋭利なパーツがパックラフトに触れると、穴があく可能性が非常に高い。そのため、ここで最も大事なポイントは、艇を傷つけない載せ方を考えること。下段の手順では、その点を意識した自転車の積載方法の一例を紹介する。

リアディレイラー

チェーンホイール

← ペダル

スプロケット

1 車体をバラす

前輪と後輪に加えて、チェーンホイールの裏側にあるペダルも取り外す。もう片方のペダルはそのままでOK。

2 後輪を積む

スプロケットを下に向けて、パーツがパックラフトに触れない位置で足元にかぶさるように後輪を積む。

自然に与える影響を考えよう

パックラフトに積んだ自転車は飛沫を浴びることがあり、このときタイヤに付着した泥やチェーンに差している潤滑油が水とともに川へ流れ出て、環境が汚染される懸念がある。環境への影響を減らすために、川に入る前に泥を落す、植物由来の原料で作られるものや生分解性の潤滑油を使うなど、自然への負荷を減らす行動を心がけたい。

③ フレームを積む

チェーンホイールが上、ハンドルが手前、リアディレイラーが進行方向を向く状態で、後輪の上に車体を積む。

④ 前輪を載せて3点で固定

車体の上に前輪を載せたら、後輪、フレーム、前輪をひとまとめにして、最低でも3カ所からストラップやベルトで艇のグラブループに固定する。

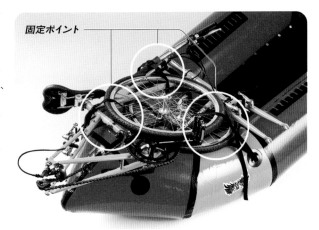

固定ポイント

自転車積載用のギアもある。写真の商品は「バイクキャリア」

Column

パックラフト用語集
（た〜ら行）

● た行

ダウンリバー：川下りのこと

ダウンリバーキャンプ：泊まりがけの川下りのこと

トロ場：勾配が緩く、流れが緩やかか、ほとんどないところ

● は行

パーソナル・フローティング・デバイス：水面上に頭を位置させるために着る救命胴衣。ライフジャケットとも。略称はPFD

ハイサイド：岩などに横向きにぶつかる際、あえて岩側に重心を移し、転覆を避けるため艇の上流側を持ち上げて流れを艇の下に逃がす技術

バウ：船首のこと

バックウォッシュ：ホールにできる巻き返しの波

バックスウィープ：後ろから前に漕いで艇を回転させる漕ぎ方

バックストローク：艇を後退させる漕ぎ方

パドラー：パドルを使って艇に乗る人のこと

パドル：水をかいて艇を漕ぐ道具。ダブルブレードパドルとシングルブレードパドルがある

フェリーグライド：流れを横切り対岸へ渡るテクニック

フォワードストローク：艇を前進させる漕ぎ方

フットエントラップメント：水面下の障害物に足がはさまり、動水圧で体が沈む危険な状態

ポーテージ：艇を担いで陸から障害物を迂回すること

ホール：水中にある岩などの先にできる落ち込み。縦方向に巻き返す渦ができるホールは、ストッパーやキーパーホールなどと呼ばれる

ホワイトウォーター・フローティング・ポジション：川に流されるときにとる、下流を向いて足を上げる基本姿勢。略称はWWFP

● ら行

ライン：艇で下るルート、航路のこと。ルートを考えることを"ラインを読む"などという

ラップ：動水圧によって艇が障害物を包み込むように張り付くこと

ロッカー：艇の底部の反り返りや、その形状

Safety
information

安全に
楽しむために

パックラフトのリスク

人の手で管理されていない自然の中には、ケガや事故につながるさまざまな危険が潜んでいる。そのような環境でなるべく安全に遊ぶには、リスクを正しく理解して、それらを事前に回避する方法や、トラブルに見舞われたときにリカバリーする術などを学んでおく必要がある。

ここでは、パックラフトのメインフィールドになる湖と川が内包する危険と、実際に起こりうる具体的なトラブルについて紹介する。

溺れ

水辺では溺れるリスクが常につきまとう。パックラフトから落ちても溺れないように、湖や川で遊ぶときは、浮力で頭を水面上に位置させるPFD（P36参照）を必ず装着。川で流されたときの基本姿勢（P107参照）も覚えておこう。

切り傷や擦り傷

パックラフトが転覆したとき、体が岩などに接触すると、切り傷や擦り傷を負う可能性が高い。特に川で遊ぶ場合は肌の露出が少ない服（P25参照）とヘルメット（P38参照）を身につけて、ケガのリスクを回避する。

低体温症

低体温症とは、体の深部体温が一定の温度以下になることで筋肉や脳に異常が起こる状態のこと。初期症状は体の震えから始まり、最悪の場合は死に至る。パックラフトでは、湖で強風により転覆して漂流したときなどに陥るリスクがある。

水辺で最も体温を奪われる状況は水に浸かっているときで、濡れた服を着続けている状態も注意が必要。症状が表われたら早めに上陸して、乾いた服に着替えるなど、早めの体温の回復に努めよう。

肩の脱臼

パドルに強い水圧がかかったとき、肩を脱臼するケースがある。回避するには、無理な姿勢でパドルを操作せず、脇をしっかり締めて漕ぐこと。脱臼する癖がある人は注意しよう。

接触や強風

湖では水上バイクやジェットボートなどと接触する危険があり、風が強い日は転覆や漂流する可能性もある。目安として風速が5m以上のときは漕ぎ出さないほうが安全だ。

転覆して流されたら

パックラフトが転覆して流されたら、そこが立てるくらいの水深であっても、慌てて立とうとしてはいけない。水面下の障害物に足が引っかかると、強い動水圧を受けて体が沈み、呼吸できず溺れてしまう可能性があるからだ。この危険な状態は「フットエントラップメント」と呼ばれ、水深が50cm未満でも起こりうる可能性がある。

フットエントラップメントを防ぐには、あお向けで両足を下流に向け、さらに足を水面の高さまで上げて、両腕でバランスをとりながら流されていく。この基本姿勢を「ホワイトウォーター・フローティング・ポジション」（Whitewater Floating Position、以下：WWFP）という。

WWFPのまま流されて岩などにぶつかりそうになったら、足で岩を蹴って激突を回避。流木など迂回する必要のある障害物が現われたら、クロールなどで積極的に泳いで流されるルートを変更する。

ホワイトウォーター・フローティング・ポジション（WWFP）

下流を向いて両足を上げる姿勢は、ラッコのポーズをイメージするといい。転覆してもパドルは離さないように意識しよう

艇に乗り込む方法

　川に流された場合でも、パックラフトをつかんでいれば、再び艇に乗り込んで体勢を立て直せる可能性がある。どんなに流れの穏やかな川でも、転覆するリスクはなくならないので、再乗艇の方法を学んでおこう。やり方は、ひとりで行なう方法（セルフレスキュー）と、仲間に助けてもらう方法（チームレスキュー）の2通りがある。いずれも簡単でなく、特にセルフレスキューは泳力や腕力に加えて、ある程度の慣れも必要だ。

セルフレスキュー

　パドルを艇にしまってから、バタ足で勢いをつけて艇に乗り込む。仲間がいる場合は、チームレスキューで再乗艇を助けてもらってもいい。

チームレスキュー

　仲間が転覆したら流れが穏やかな場所で救助に向かい、再乗艇をサポートする（P111参照）。確実に仲間を助けられるように練習しよう。

再乗艇

ひとりで行なう場合、腕力でアウターチューブを押し下げるイメージで艇の上に復帰する

108

セフルレスキュー

1 艇とパドルを
確保

転覆したらWWFPの姿勢を意識し
つつ、艇とパドルが体から離れない
ように両手でつかむ。

2 バウかスターン側に
回り込む

艇とパドルをつかんだままバウかス
ターン側に移動。この状態で艇をひ
っくり返す。

3 艇を
ひっくり返す

パドルを握ったままセーフティロー
プを持ち、艇を回転させて乗り込め
る状態にする。

4 パドルを
艇にしまう

パックラフトの側面に回り込み、パ
ドルを艇の中に入れて流されないよ
うに確保する。

バタ足で
スピードをつける

腕力だけで艇に乗り込むのは難しい。
腕を曲げているとスピードをつけづ
らいので、腕を伸ばした状態からバ
タ足で勢いをつける。

⑥

勢いをつけて
乗り込む

バタ足状態でスピードをつけたら、
アウターチューブを押し下げて胸か
ら艇に乗り込む。右上の写真のよう
に抱え込むのはNG。

パックラフトから離れてしまった、そのときは？

パドルを投げる

WWFPで流されながら岸側にエディを探し、
適当なエディが見つかったらパドルを投げ
入れて流失を防ぐ。

アグレッシブスイムで泳ぐ

アグレッシブスイムとは、積極的に前向きに
泳ぐこと。クロールなどでパドルを投げ入
れたエディに入り自身の安全を確保する。

チームレスキュー

**① 艇とパドルを
確保して
助けを待つ**

自力で再乗艇ができない場合、パックラフトとパドルをつかんで仲間の救助を待つ。

**② 艇を
横付けする**

救助する人は要救助者のパックラフトに艇を横付けして救助態勢に入る。

**③ PFDの
肩部分を持つ**

艇を横付けした状態で片腕を伸ばし、要救助者のPFDの肩部分をつかむ。

**④ 要救助者を
引き上げる**

PFDの肩部分をつかんだまま要救助者をパックラフトに引き寄せる。

知っておきたいロープレスキュー

ここではスローロープを使う救助方法の一例を紹介する。ただし、スローロープを持っている＝トラブルが起こりそうな場所では必ずロープレスキューを行なうわけではない。やり方を学ぶ前に、まずはどのようなシチュエーションでロープレスキューを行なうか確かめておこう。

ロープレスキューを行なう状況

ひとつに、転覆する可能性の高い瀬やホールを通過するときがある。川を下りながら目の前に白波が確認できたら、手前で安全な場所からスカウティングを行なう。パックラフトで下れると判断した場合はラインを確認。瀬やホールを過ぎたあとに続く流れの状況も確かめる。

たとえば、瀬やホールを通過した先に大きなエディがある、もしくは緩やかな流れが続いている場合は、転覆して流されたとしても、ロープレスキューではなく、セルフレスキューなどで対処できる可能性が高い。

しかし、急流の先に短い間隔で再び難易度の高い瀬や落ち込みが現われ、そこにのみ込まれたら危険と考えられる場合は、ここで初めてロープレスキューを行なう判断に至る。

ロープレスキューを行なう条件

ロープレスキューを行なうには、クリアすべき条件が2つある。まず、救助を試みる区間に岩や流木などロープが引っかかる障害物がないこと。そして、ロープをつかんだ要救助者を引き込むエディが下流にあること。ロープレスキューを行なう前にこの2点を必ず確かめよう。

ロープレスキューの流れ

1）救助する人が瀬やホールを越えた先に向かい、見通しがよく足場が安定している場所でスローロープを投げる体勢をとる。

2）準備ができたら上流の仲間に合図を送り、ひとりずつ下ってもらう。

3）仲間が転覆して流されたら、要救助者が上流にいるタイミングでスローロープを投げる。

4）要救助者がロープをつかんだことを確認したら、振り子の要領で下流のエディに引き込む。

ロープレスキューでは、スローロープを狙った場所に投げるコントロールが重要になり、これは練習でしか身につかない。繰り返し練習して投げ方のコツをつかんでおこう。

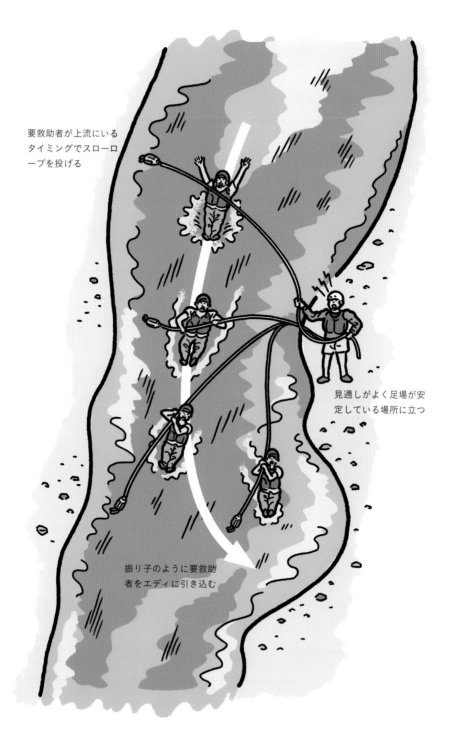

要救助者が上流にいる
タイミングでスローロ
ープを投げる

見通しがよく足場が安
定している場所に立つ

振り子のように要救助
者をエディに引き込む

救助の手順

① 要救助者に合図を送る

要救助者が上流にいるタイミングで、必ず「ロープを投げます！」などと合図。要救助者がこちらに気づいてからロープを投げる。

② ロープを投げる

ロープは要救助者の胸元あたりをクロスするように投げる。もしくは、写真のように要救助者の前をロープが横断するように投げてもいい。

③ しっかり踏ん張る

要救助者がロープをつかむと救助者には動水圧による重さがかかる。引き込まれないように、しっかりと踏ん張ってロープを手離さない。

④ エディに引き込む

自分が支点となり、振り子の要領で下流のエディに要救助者を引き込む。

ロープの持ち方

つかんだロープは脇を締めて体の前で握り、あお向けになって呼吸を確保する。体がうつ伏せになると水が顔に当た り呼吸ができなくなるので注意しよう。ロープは手や腕に巻きつけず、いつでも放せる状態にしておく。

Expedition

パックラフトの
地平線

アウトドアショップオーナー

土屋智哉さん

「美しいラインと川下りの可能性」

初めてパックラフトを知ったとき、これだけ艇が小さく軽くなったら、いろんなことができそうだなと、漠然とした可能性を感じました。ただ、ハイキングとパックラフトを組み合わせた遊びは難しいとも感じていて、実際に海外で試したことはあるんですが、振り返ってみると、結局メインは川下りで、ハイキングは川にアプローチする手段になってしまっていた、そんなケースが多いです。

ハイキングとパックラフトをセットにした旅のなかで、これまでにいちばんナチュラルだなと感じた計画に、西表島の横断があります。西表島にはハイキング用の横断道が島の北西から南東へ貫くように走っていて、北西の起点は大きな川の途中にあるため、船でアプローチする方法が一般的です。でも、満潮時はパックラフトで遡れるかもしれない。そんなアイデアが仲間内で盛り上がり、川を遡って、横断道を歩いて山を越えて、最後は川を下ってゴールする、そんな旅に出かけたんです。このときは、ハイキングにパックラフトを導入したことで、西表島の横断をすべて人力で完結できた。すごくきれいなラインだったと思います。

"どういう魅力的なラインを作るか"。これがパックラフト×ハイキングを考えるときのポイントだと思っていて、たとえば2010年にアンドリュー・スカーカがアラスカで行なった、パックラフトとハイキングとスキーによる176日間の旅は、その完成形ともいえるでしょう。ハイキングとパックラフトとスキー、どれが欠けても達成できない、自分が強く影響を受けた旅のスタイルのひとつです。

そんな憧れを抱きつつ、一方では、荷物を全部担いで徒歩で川にアクセスして、川を下ってから再び荷物を担いで帰ってくる。これだけでも、パックラフトならではの小さくて軽いメリットを充分に生かした遊びの一形態だと思っています。

艇が担げるようになったことで、川下りの可能性はすごく広がりました。これを機に川を旅する行為がもっとポピュラーになるといいですね。

Profile　つちや・ともよし／アウトドアショップ「ハイカーズデポ」のオーナー。軽い荷物でハイキングを楽しむウルトラライトハイキングを中心に、パックラフトによる旅の魅力も発信中。

西表島横断ツアー

2012年の旅の思い出。西表島の浦内川を軍艦岩までパックラフトで遡り、横断道をハイキング。ラストは仲間川を下ってゴールした。（写真／亀田正人）

Snake River in U.S.A

西表島の翌年、2013年に計画。このときは、行きと帰りは徒歩。さらに、途中で2本の川をハイキングでつなげる旅を楽しんだ。

影響を受けた偉大な記録

アンドリュー・スカーカは、2000年代を代表するプロのハイカー。2010年にアラスカを一周する旅に出かけ、ハイキング、パックラフト、スキーを駆使し、4679マイル（約7530km）の距離を176日かけて踏破した。この記録は『ナショナル ジオグラフィック』2011年3月号に掲載されている。

— Hiking

土屋さんの装備一式

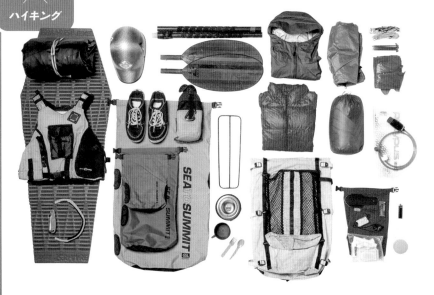

3つのポイントで装備をチョイス

装備に関しては、極端といえるほど軽くて小さいこと、そしてシンプルであることを意識しています。パックラフトはもちろん、PFDも浮力が大きいものよりは、昔から持っている軽量なツーリング向けを使っているし、ウェアにしろクッカーにしろ、考え方は同じです。バーナーは持たず、調理は焚き火で対応。シェルターはタープです。

靴はアストラルというメーカーの水陸両用のシューズを履くことが多いです。ただ、ツーリング要素が強い川にはサンダルを選ぶこともあります。ケースバイケースですね。

バックパックはHMGのポーター3400で、パドルはフロントのメッシュポケットに入れて運びます。

防水バッグは大中小と用意。いちばん大きなものはパックライナーに、食料などは中、電子機器や貴重品は小に入れて防水対策をしています。

パドル ………… Sawyer／パックラフトパドル 5ピース
PFD ………… Lotus Designs／モデル名不明
ヘルメット …… Sweet／ストラッターカーボン
バックパック … HMG／ポーター3400（55ℓ）

Packraft

私の愛艇

Alpacka Raft／アルパカ

　アルパカラフトのパックラフトを2艇持っているのですが、西表島の旅も海外のダウンリバーも、全部写真の艇を使いました。大きな違いはアウターチューブの形状で、もうひとつの艇はわりと新しいモデルなので、人が乗ったとき重心が艇の中心近くにくるように、バウとスターン側を長くして浮力を高めているんです。一方、これは古いモデルなので、比較的形が丸く、そのぶん安定性は劣りますが、軽量なので自然と出番が増えました。バウ側には"パックタッチ"という荷物を固定するためのラインを取り付けています。

Other Point

シートはスリーピングマットで代用

艇のフロアには、ぴったりはまるようにカットしたスリーピングマットを敷いています。眠るときはこれを取り外して使用。荷物を少しでも軽くするためのアイデアです。

状況に応じてパドルを使い分ける

パドルは艇よりも大事だと思っていて、何本か持っています。上は軽さ優先で、穏やかな流れをのんびり漕ぐときに、下は軽さより操作性などを重視したいときに使います。

Hiking

ライター&デザイナー

ユーコンカワイさん

「喧騒を忘れるソロの川旅」

キャンプといっても、私はキャンプ場を利用しない。基本は河原で寝る。しかもひとりで。なぜなら、日々の喧騒から離れたいのと、焚き火に集中したい、ギターを弾いて酒を飲んで寝たいから。キャンプ場は自分のスタイルに適さないのである。

パックラフトを使った河原のキャンプは、水がすぐそばにあるのが大きい。けっこうな重量を積載できて、登山と違って荷物の制限もない。釣りもできるし、流木を集めて焚き火もできる。流木の焚き火は最高だ。

私にとって、川を下る行為は一種の旅。だから泊まりがけの計画が好きだし、パックラフトは川旅に最適だと思っている。自由気ままな旅に、この機動力を活用しない手はない。

川旅では、その土地の歴史と文化に加えて、食の魅力も楽しみたいので、なるべく地元のものを食べるようにしている。それは無人販売所に並ぶ野菜でもよくて、持参したカレーの缶詰と混ぜてゴッタ煮を作ることもあれば、河原の近くに居酒屋を発見したら飲みに行くこともある。

食事が終わると、スキットルに入れたウィスキーをちびちびやりなが

ら、己に酔う時間の始まりだ。焚き火を眺めなら酒を飲んでいると、眼の前がふわふわしてきて、体が闇に溶けていく感覚がある。意識は肉体から離れたところにあって、思考回路がシンプルになり、一種の瞑想みたいな状態に。こういう体験も河原に泊まる魅力でもあるし、ひとりじゃないと経験しづらい。

そんなのんびりした川旅が好きなので、瀬を攻めるアクティビティ的な要素には興味が薄く、危険な瀬はポーテージすることが多い。河原で過ごす時間が大切なので、1時間しか川を漕がないときも珍しくない。川の楽しみ方は人それぞれだ。

ちなみに、ギターを持っていくときは、とにかく気持ちよくなれる曲を弾く。BUMP OF CHICKEN、竹原ピストル、RADWIMPS、椎名林檎、秦基博、ビートルズなどなど。好きなだけ弾いて歌って酒を飲み、ひとりの夜は更けていく。

Profile　執筆やデザイン業の傍ら、岐阜県で川の学校やサウナ体験会、カフェや宿泊施設を備える「ヒトイキ村」を運営。作家の野田知佑に憧れてユーコン川を下ったのが川旅との出会い。

ユーコンカワイの旅の流儀

流れが緩やかな川限定。
だれに聴かせるわけじ
ゃないので、上手い下手
は気にしなくていい

**歌いたい
ときは
ギターを持つ**

アルファ化米に頼らず、
男は黙って焚き火で炊
飯。バックカントリー
アルミポットを愛用

**ご飯は
生米から炊く**

**幕場に
着いたら
ビールを
冷やす**

タープの設営より先に
ビールを冷やす。快適
な寝床より冷えたビー
ルのほうが大事

**焚き火に
ライターは
使わない**

コットンにワセリンを
染み込ませた自作着火
剤とメタルマッチで火
を熾すのがマイルール

夏はシュノーケリング
セットを用意。川に潜
らないと、その川に抱
かれたことにならない

**川は
とりあえず
潜って
楽しむ**

ランチを食べたら必ず
昼寝。14時くらいから
河原で飲み始めるパタ
ーンもけっこうある

**シェルターを
張ったら
ダラダラする**

Camp

ユーコンカワイさんの装備一式

バックラフト × キャンプ

やりたいことを持つ

　荷物の軽量化はあまり意識せず、河原で楽しみたいことを持つ。そのため、積載するアイテムの点数は人より多めかもしれない。

　シェルターはタープが好み。その日の気分と河原の状態、風向きによってどうやって美しく張るか考えて、それすらも一種のエンターテインメントだと感じている。持っているのはLocus Gearの「タープX・デュ

オ・シル」。

　シュラフは、万が一濡れても保温力が低下しづらい化繊綿のモデルを選択。こちらもLocus Gearの「ニィクス」という古いモデルを長いこと使っている。

　マットはEvernewの「FPマット」。マット自体は薄いが硬さがあるので、河原の凸凹もある程度は緩衝される。

　ほか、ウィスキー入りのスキットルと浄水器は必須。釣り竿と仕掛けも欠かせない。

パドル ………… Aqua Bound／マンタレイ・カーボン4ピース
PFD ………… mont-bell／リバーランナープロ
ヘルメット …… PRO-TEC／エースウォーター
バックパック … PAAGO WORKS／カーゴ55

私の愛艇

元気商會／グリフォンラフト

　艇から素早く出入りしたいので、水の浸入を防ぐスカートのないオープンデッキタイプを選択。さらに、積極的に瀬を下らないので、セルフベイラーが備わっていないモデルを選ぶことが多い。セルフベイラーがあると船足が遅くなるので、穏やかな流れを下る川旅には適さない。

　その2点を考慮したうえで、回転性や直進性のバランス、値段を加味してコストパフォーマンスがいいと感じた艇がこちら。空気の注入口がふたつある2気室タイプで、パンクに対する耐性が高く、安心できる。

Other Point

ジャンルを選ばず本を持参

本を読むために川旅に出かけることもあって、歴史小説からビジネス書まで、そのとき読みたいものを持っていく。その土地の歴史が書いてある本を現地で読むのもおもしろい。

酒と遊び道具で旅を満喫

お酒にシュノーケリングセットやチタン製の小さな焚き火台、伸縮する火吹き棒など遊び道具も用意。無駄な時間をいかにおもしろく過ごすかが川旅を充実させるポイントだ。

相川 創さん

「世界を広げてくれる旅の道具」

"人力にこだわった""マルチアクティビティ"の旅というのは私にとって昔から興味のあるテーマで、自転車×トレッキング、スキー×自転車、スキー×クライミングといった、いろいろな組み合わせ方の遊びにトライしてきました。

そんななかで知ったのがパックラフトの存在。従来、泳ぐことを別にすれば水上の移動ってハードルが高かったのですが、たった2kgそこその艇で、水上にもラインを引くことができるなら、これは世界が広がるに違いないですよね！

自転車とパックラフトって、陸上と水上の、とっても合理的な移動手段だと思っています。その代わり、道なき道を行くことができない自転車を使う以上、人跡稀な秘境をめざす、みたいなことはちょっと難しい。だから、たとえば"水系をたどる"とか"横断する"みたいな、テーマをもった旅の手段として使うのが面白いと思っています。

まだまだ実践例は少ないですが、自転車×パックラフトにトレッキングも加えて、宮城県の松島をスタートし、鳴瀬川に沿って自転車で走り、古道の最上海道と最上川をつないで山形県の酒田市まで、東北を横断した旅はおもしろかったです。自転車が130km、トレッキング13km、パックラフト47kmを3日間でつなぎました。

ただ、荷物は自転車とパックラフトだけで10kgを超えますよね。こういう旅って、安全マージンを残しながら、軽量化しなくちゃならない。参考になる例もほとんどなかったので装備については考え抜きましたし、その過程もおもしろかったです。テーマ性、おもしろさ、合理性、ハードさなどのバランスのいいラインでした。これ以降、地図を見るとこういうラインを探しちゃいますね。

ただし、パックラフト×自転車というのも、自分にとってはあくまで人力旅のひとつのスタイル。あまりこだわらずに、スキー×パックラフトや、沢登り＆キャニオニング×パックラフトなど、世界を広げていきたいと思っています。

Profile　あいかわ・そう／沢登り、クライミング、テレマークスキー、自転車、パックラフト……など、人力手段を駆使する「旅」が好き。普段はアウトドアメーカーで商品企画を担当。

Packraft —

人力にこだわった旅の思い出

パックラフト×自転車
×トレッキングの複合
スタイル

安定して荷物を積めば、
けっこうなダウンリバ
ーも可能だ

オフロードが多いライ
ンではMTBを使う

行動範囲が広がれば、
雄大な景色に出会える

泊まりを伴うロングツ
アーも楽しい

My Bicycle

ルートによって、ロードバイク、Ｍ
ＴＢ、折りたたみ自転車を使い分け
ています。シートバッグやハンドル
バーバッグをうまく使えば、すっき
りとパックラフトを収められます。

相川さんの装備一式

旅のスタイルによって柔軟に

装備は、まだまだ試行錯誤中で定まってはいません。

トレッキングを伴う場合は、14インチの折りたたみ自転車を使用するため、自転車のハンドルバーの前側に大型のバックパックをくくり付けるスタイル。このバックパックにほとんどの装備を放り込み、トレッキング時は自転車も収納します。

通常サイズの自転車を使う場合は、大型のシートバッグにパックラフトを収納し、ハンドルバーバッグなども併用して、極力身につけるものを減らします。ただし、自転車を担ぐ場合は、パックラフトは背負ってしまったほうが楽ですね。いずれの場合も、軽量で丈夫なキャニオニング用のバックパックを使っています。

パドルは、軽さと操作性のよさでマンタレイ・カーボン4ピース。

泊まり装備は、軽量なタープと化繊シュラフのスタイルです。エアマットはパックラフトのシートと兼用して、少しでも軽量化を図ります。

パドル ………… Aqua Bound／マンタレイ・カーボン4ピース
PFD ………… OGK／レジモス
ヘルメット …… Decathlon／インフレータブルPFD
バックパック … Trangoworld／キャニオン45(通常の自転車使用時)
　　　　　　　　 RIPEN／マカルー80(トレッキングを伴う、折りたたみ自転車使用時)

Packraft

私の愛艇

Alpacka Raft ／アルパカ

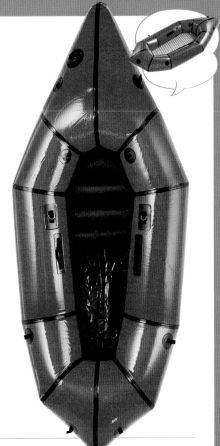

　自転車と組み合わせるなら、軽さとコンパクトさは重視したいところですが、自転車を載せてホワイトウォーターを漕ぐとなると、ある程度の積載量と安定感、剛性も必要。まさに"ザ・パックラフト"ともいえる一艇で、今でもトータルバランスのよさではかなり上位にくるのではないでしょうか。自転車をくくり付けるのに必要なグラブループをしっかり備えているのもいいですね。大きな不満はないですが、あえて言うならセルフベイラーを備えていないので、激しい瀬をこなすと排水作業が必要になるのが少し煩わしいです。

自転車の積載方法

自転車のパーツがパックラフトを傷つけないように、前後ホイールで駆動系を挟んでストラップで固定（スキーストラップが便利です）。そのままパドリングのじゃまにならないように注意しながら、パックラフトのバウ側にスリングやバンジーコードを利用してくくり付けています。折りたたみ自転車の場合は、たたんで厚手のビニール袋ごとバックパックに入れて載せます。

パックラフト × 沢登り

登山者

中澤 慧さん

「"秘境の沢"を自由に渡る」

日本でのパックラフト混合スタイルのパイオニアは、藤巻浩氏や相川創氏（P124）だ。彼らはパックラフト、自転車、トレッキング、沢登り、スキーなどを複合して日本横断や黒部横断を行なった。私は彼らの活動に影響を受けてパックラフトを登山に取り入れた。パックラフトを活用した山行で大事な要素は、パックラフトを使う必然性、差別化だと考えている。ボートやカヤックでも代用できる活動はなるべく避け、試行錯誤している。その点、沢登りはバックパックに入れて持ち運べるというパックラフトの一番の特徴を生かしやすい。

沢登りとは、水と戯れながら沢を遡る登山だ。沢の地形を利用して自由に山を渡り歩き、深く山に入り込む。なかでも私が好きなのは奥深い沢だ。越後山脈の核心部に、人がつくり出した秘境がある。人造湖により容易に人が山へ入れなくなり、手つかずの大自然が今も残る。しかし沢の入り口はダムにより閉ざされている。そこでパックラフトの登場だ。パックラフトはこうした沢へのアクセスを可能にし、活動の幅を広げてくれる。背負って移動できるから山行中にも使用できる。また渡船に頼らず湖を渡れるので登山を自己完結でき、充実感も増す。人跡稀な地で沢を登り、自然と触れ合う。本来の登山がそこにある。

2022年、田子倉湖に流入する大熊沢と前沢を遡下降した。パックラフトで湖を渡り、空気を抜いた艇を背負って沢を進み、滝を登る。下山したらふくらませて、また湖へ。秘境の沢は情報がほとんどなく、先がわからないおもしろさがある。川下りにおいても、奥深い場所ならパックラフトの出番だ。日本で川下りができる場所は近くに道路がある場合が多く、奥深さはない。けれど、新潟県を流れる早出川や黒又川は山奥にある。沢登りの技術も生かして奥地へ入り、カヤックではできないパックラフトならではの川下りを楽しんだ。残念ながら日本に奥深いフィールドは少ないが、生かせる場所を探して今後も活動していきたい。

Profile　なかざわ・けい／1988年、山梨県生まれ。無雪期は沢登り、積雪期は山スキーで山の懐に入っていくことが好き。南会津、越後など人が少なく山深い場所で活動中。

1

川内山塊／早出川本流

新潟県の秘境、川内山塊を穿つ渓谷。標高こそ低いものの、増水と豪雪に磨かれたゴルジュが10km以上続く。

細くて暗いゴルジュを進む。スカウティングもひと癖ある

滝は少なく穏やかな淵も多い。圧巻の景色の中を漫遊

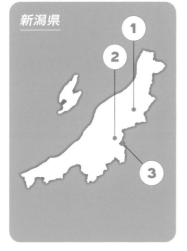

新潟県

2

毛猛連山／
黒又川本流〜外柴倉沢

源流近くでも水量が多い黒又川本流。浅い場所や滝でのポーテージ、雪渓の高巻きでもパックラフトの軽量さが生きる。

3

毛猛連山／
只見川大熊沢一ノ沢〜前沢左俣

田子倉湖に閉ざされた毛猛山東面を流れる沢。毛猛山には登山道がないため、無雪期は積雪期よりアクセスが困難になる。

前沢は明るく開けた沢だ。側壁にも滝が流れる

田子倉湖を渡る。疲れた体にパドリングがこたえる

大熊沢は岩質の変化に富む。入り口の渓相は白い

中澤さんの装備一式

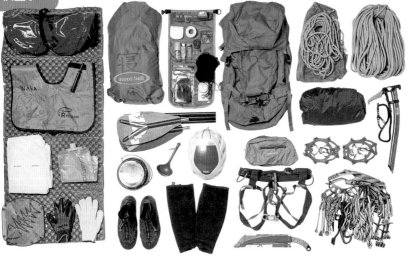

軽量化を重視

　ヘルメット、PFD、ウェアなどは沢登りの道具をそのまま流用している。PFDは、沢登りでも水量が多いときや淵などで使用する。使わないときはしまっておくので、インフレータブルで軽量なものがいい。沢登りでは積極的に水に入るので防水バッグは必須。モンベルの「ライトドライバッグ」が軽量で使いやすい。パックラフトのフロアにはスリーピングマットを敷いている。静水であればなくても問題ない。パドルは静水での使用に限れば軽いほうがいい。川下り用は軽量モデルでも800g以上あり、漕ぎ続けると疲れる。沢登りの観点では800gでも重い。そのため、約370gのパドルを使用。雑に扱いヒビが入ったが、テープで補修して使用中。各ブランドの軽量パドルより軽く、使い勝手も遜色ない。バックパックは山行によって変えているが、50ℓほど。幕営はタープ。

パドル ………… Supai Adventure Gear／パックラフトパドル
PFD ………… Rrtizan／スノーケリングベスト
ヘルメット …… PETZL／シロッコ
バックパック … Black Diamond／ミッション50

私の愛艇

Alpacka Raft／スカウト

　軽さと性能の釣り合いがとれたスカウト（約1600g/オープンデッキ）を使用。スカウトより軽量な1000gほどのモデルも試したが、推進力、メンテナンス性、快適さに欠け、生地も薄い。逆に川下り用のモデルは、性能は充分だが重量が2300g以上と重く、沢登りのパフォーマンスに影響する。私の用途ではセルフベイラーや、アウターチューブの中に荷物をしまえるカーゴフライシステムは不要。スカウトは性能も軽量モデルより上で、軽さとのバランスから愛用。グラブループが足りなかったため、単品を購入してビニール用の接着剤で追加した。

Other Point

パドルは軽量モデルを選択

4種類試し、川下り用ではなく静水用を選択。登山中はただの荷物なので、滝の登攀など行動中のパフォーマンスを下げないため、推進力を削ってでも軽いものを使用。

PFDは野営時に枕として使用

一台二役のアイテム。インフレータブルなので枕にすると頭部にフィットし、空気量で高さも変えられる。安眠は翌日のコンディションに直結する大事な要素だ。

リアルニュージーランド代表

ホディー愛さん

「ニュージーランドの秘境を旅する最強ツール」

　私がニュージーランドに渡航した理由は、自然が豊富でアウトドアが盛んな国だと聞いたから。それもそのはず、ニュージーランドの人口密度は日本の18％にも満たず、国土のほとんどが森林もしくは農地。人工的なアトラクションが少ないため、遊び場は自然のなかなのです。子どもたちは小さいころから自然に親しみ、学校ではアウトドア教育の授業があり、アウトドアは人々の生活に欠かせないものとなっています。

　パックラフトはその大自然を満喫するための最強ツール。特に南島南部は深い原生林の山々の間を驚くほど透明度の高い川が流れ、その景観は圧倒されるほどの美しさ。長い年月をかけて削られた氷河谷（フィヨルド）の流れは穏やかで、パックラフトで下るには最高。車でのアクセスが難しいため、パックラフトでこそ向かえる秘境が多くあります。

　ただ、注意してほしいこともいくつかあります。アウトドア用品を日本から持ち込むときは、必ず申請をしましょう。そして、事前にすべての道具を丁寧に洗い、泥ひとつ付いていない状態にして乾かします。汚れたギアを持ち込むと入国審査時に没収される、確認に余計な時間を要するなどトラブルの原因になります。これは、外来種の藻や菌類によってニュージーランドの川や森の生態を乱さないための大切な決まりです。また、旅行の前に必ず現地の最新情報を確認してください。大雨などの影響で川や道は常に変化しています。最後に、みなさんの安全のために必ず緊急ロケータービーコン（Personal Locator Beacon）を用意してください。電波の届かない場所で万が一のときにレスキューを呼ぶための道具で、現地のアウトドアショップなどでレンタルできます。

　ニュージーランドにもガイド付きのパックラフトツアーを催行している会社があり、リアルニュージーランドでもパックラフトツアーの手配が可能です。大自然を満喫しにぜひおいでください。お待ちしています。

Profile　学生時代の探検部でアウトドアに開眼。現在はニュージーランドで多様なアクティビティを取り入れた個人旅行の手配やガイド業などを行なう。リアルニュージーランド／http://www.realnewzealand.net/

Packraft

Ai Hoddy recommend
Packraft Tour

Queens town

THE REES VALLEY

Downriver ↓↑ Hiking

Rees River

RICHARDSON MOUNTAINS

Lake Wakatipu   To Queenstown

クイーンズタウンは、国内で3番目に大きな湖、ワカティプ湖に面する世界屈指のリゾート地。この有名な観光地から見て北東に位置する渓谷が、リーズバレー（Rees Valley）です。ワカティプ湖の水源でもあるリーズリバー（Rees River）が流れ、ここが旅の舞台になります。

クイーンズタウンを起点に、早朝、ワカティプ湖畔をドライブしながら車で渓谷へ向かいます。道の終点からは美しい景色の中、約7kmのハイキング。徒歩でリーズリバーを遡ったら、同じ距離をパックラフトで下ります。流れは穏やかなので、初心者にもおすすめの行程です。

現地ツアー会社

PACKRAFTING QUEENSTOWN

https://packraftingqueenstown.com/

Ai Hoddy recommend
Packraft Tour

THE HOLLYFORD PYKE

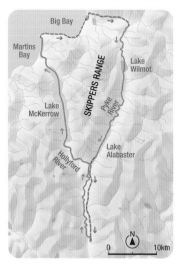

　ニュージーランドで一番人気のダウンリバーコースが、ホリフォードパイク（The Hollyford Pyke）です。氷河地形と手付かずの美しい自然で知られるフィヨルドランド国立公園を旅する行程で、徒歩とパックラフトで渓谷や湖を下り、海へ出たあとは、再び徒歩とパックラフトで、今度は渓谷と湖を遡り、スタート地点まで戻ってきます。

　総延長は約150km。5〜6日の計画が一般的です（初心者が参加する場合は、トレーニングでプラス2日必要）。途中、氷河で削られた自然の美しさを目の当たりにできます。

現地ツアー会社

PACKRAFTING NEW ZEALAND

https://packraftingnz.com/

Packraft

Ai Hoddy recommend
Packraft Tour

THE WAIRAURAHILI

パックラフトの経験者に紹介できるコースがこちら。ワイラウラヒリリバー（Wairaurahiri River）はフィヨルドランド国立公園の南に位置し、国内で最も長い約18kmの急流が続く川としても知られています。スタート地点は、ハウロコ湖の南端。ここからダウンリバーが始まります。無事に川を下れたら、ニュージーランドの自然保護省が選定する、歴史や景観に優れるグレートウォークスに選ばれる予定のハンプ・リッジ・トラックの一部を歩いて、東にある町へ向かいます。必要な日数は約4日。現地のツアーはホリフォードパイクツアー（P134）に参加した人限定です。

現地ツアー会社

PACKRAFTING NEW ZEALAND

https://packraftingnz.com/

出版社社員

伊藤洋平さん

「日帰りで攻めのダウンリバー」

　川を下る旅への憧れがあった。学生時代、夢中になって読み漁った椎名誠や野田知佑の書籍には、川旅の魅力がこれでもかと言わんばかりに綴られ、大きな影響を受けた。

　パックラフトを購入したのは、ヤマケイに就職して5年目の夏。足を踏み込むのが遅れたのは、周囲にダウンリバーを趣味にしている人がおらず、独学で始めることへの決心に時間がかかったためだった。購入した艇は静水用モデル。まずは静水で技術を身につけ、流水用はあらためて購入するつもりだった。白丸湖や中禅寺湖、四尾連湖、奥利根湖など、週末ごとに湖へ足を運んだ。ところが、驚くほどあっけなく飽きてしまった。パックラフトは直進性が低く、向かい風ではまったく進まないし、湖上をひとりでだらだらしていてもツマラナイ。やっぱり川に出るしかないのだとようやく気づいた。

　それからはとにかく川に通った。ルートは、御岳渓谷から青梅駅付近までを繰り返す。静水は、同じフィールドだとすぐ飽きるが、川は同じルートでもまったく飽きなかった。何度も転覆して、川の知識と技術を学び、2年目からはほかの川にも出かけた。夏季休暇を取って和歌山の川を巡る遠征もした。経験を積むうちに、大きな川をだらだら下る楽しさと、パックラフトでしか下れない小さな川を攻める楽しさを知った。前者は憧れた川旅の世界。でも、大きな川を下るのには日数がかかる。後者はリスクが高まるが、数時間でも満足度が高い。その結果、徐々に後者へと気持ちが傾き、ここ数年は日帰りばかり。それも半日。早朝に自宅を出て、昼前にはゴールし、午後は自宅で昼寝。この手軽さと気楽さが自分には合っていた。

　定番の半日ルートは次の2つ。あえて漕がず、流れに委ねて遊ぶ御岳渓谷より下流か、小滝やゴルジュなど、油断のできない秋川渓谷か。

　最近は仲間も増えた。仲間と下るときは、午後はもっぱら地元のうまい店探し。パックラフトで遊んで、食べて飲んで、最高の一日である。

Profile　いとう・ようへい／1990年生まれ。山と渓谷社社員。登山、キャンプ、パックラフトに加え、近年はリバーSUPにも挑戦中。「山と渓谷」を満喫しているが渓谷は下り専門。

Packraft

MRSの静水用モデル「ポント」を加工してダウンリバーに使っている

御岳渓谷から多摩川をダウンリバー。何度下ってもまったく飽きない

東京とは思えない清流を楽しめる秋川渓谷

伊藤's
Down river
Collection

小さな秋川渓谷はパックラフトでしか下れないセクションが多い

秋川渓谷にある「中山の滝」と呼ばれる落差1mの小滝

秋川渓谷には小滝や瀬が多数あり、その日の水量により難度が変わる

伊藤さんの装備

装備の発掘と工夫にもハマる

装備を集め始めた2018年、専用品もすでに市場にあったけれど、選択肢は多くなかった。ほかの人の工夫もネットで知ることはできたが、自分の遊び方とマッチする人がおらず、自分で工夫するしかなかった。

とにかくトライ＆エラー。いろんなものを買っては試し、失敗してはまた買った。半日とはいえ、急流を下るので、小さなケガが絶えず、道具の紛失や破損も日常茶飯事。結果的に"防御力"を重視するようになり、高級品は怖くて買えず、破損前提でコスパがよいものが多くなった。

自作したサイストラップ
パックラフトとの一体感を高めるため、ポリエステルテープを使って自作。両ひざを通して締めれば、急流で安定感が高まる

パックラフト

MRS／ポント

穴をあけて魔改造
瀬を越えるたびに浸水するのがストレスで、ポンチでセルフベイラー艇に改造。ほかにもあちこちいじっている

防水バッグ

何度も転覆を繰り返し、耐久性と充分な容量、中身がわかることが大事だと実感した。

mont-bell ／
ドライバッグチューブ 30

バックパック

日帰り装備が一式入り、ダウンリバー中は防水バッグに収納できるのがお気に入り。

FREELIGHT ／ S35 w

ポンプ

電動ポンプは偉大だが、使いたいときにトラブルも多く、常に手動も携行している。

グローブ

手指のケガの経験から必ずグローブを装着。休憩時の置き忘れが多いので予備も持つ。

シューズ

転覆時のケガ対策や動きやすさを重視し、ラバーソールの沢靴と防水ソックスを愛用。

そのほか

ヘルメットにはアクションカメラを装着。PFDは大型ポケット付きが便利。パドルは練習用に買ったモノを長く使っている。

ヘルメット
mont-bell ／
ウエーブヘルメット

PFD
Zhik ／ P3

パドル
ブランド名不明／
4ピースパドル

Field Guide
国内
フィールド
ガイド

埼玉県 荒川

① 秩父公園橋〜親鼻橋　　　P144-145

② 親鼻橋〜樋口駅（長瀞）　P146-147

佐賀県 嘉瀬川　P156-157

高知県 吉野川

① 本山コース　P152-153

② 大豊コース　P154-155

群馬県 利根川 ｜ P142-143

静岡県 富士川 ｜ P150-151

東京都 多摩川 ｜ P148-149

フィールドガイドの活用方法

● 本書に記載のデータは、2023年7月時点のものです。川の地形は天候（大雨や台風）の影響を受けやすく、刻々と変化しています。ダウンリバーに出かける際は、必ず最新の情報を入手して、安全に配慮しながら楽しみましょう。

● 各コースの難易度（P63参照）と参考コースタイムは、DATEにある推奨水位の水量を想定して記載しました。推奨水位とは、初心者の方が無理なく楽しめる水量の目安です。川の難易度は、当日の水量に左右されます。水量が多い、もしくは少ない場合は難易度が高くなるので、慎重に行動しましょう。

群馬県

利根川

クラス Ⅱ

利根川は群馬県みなかみ町に源を発し、関東平野を貫き太平洋へと注ぐ。延長322kmで長さは全国2位、流域面積は1万6840㎢で日本最大である。古くは暴れ川として知られ、「坂東太郎」の別称をもつ。

川下りを楽しめるコースは、JR上越線水上駅より上流にある「KKR水上 水明荘」の近くから、「道の駅みなかみ水紀行館」の上流にある「紅葉橋」までがおすすめ。ダムの放流や前日までの雨量によりかなり水位が左右される区間なので、ダムの放流量や当日の水位の確認は必須。5月まで雪解け水とダムの放流が重なり激流となるため、初心者には水位が落ち着いてくる6月中旬くらいから10月までが適期となる。川へのアクセスは比較的いいので、事前に要所要所を確認可能。心配な人は下見の時間も入れて計画を立てよう。

独学で腕を磨くか地元ツアー会社に申し込んで、ゆくゆくはもっと長いコースや激流にも挑戦してほしい。

DATA

参考コースタイム
約1時間（約4km）

適期
6月中旬〜10月下旬

推奨水位
湯原 2.8m以下

アクセス
行き／JR上越線水上駅から徒歩約17分
帰り／JR上越線水上駅まで徒歩約21分
※（車移動の場合、関越自動車道水上ICから水上駅まで約9分）

問合せ先
カッパCLUB
（https://www.kappa-club.com/）

Profile

佐藤 晋（さとう・すすむ）
ガイドネーム「スッスー」（カッパCLUB代表）。北海道出身。パックラフトガイド歴11年。川を楽しむアイテムとして最強クラスのパックラフト。この楽しさをたくさんの人に味わってもらいたい!!

N
0 1/15,000 500m

湯檜曽駅へ
KKR水上 水明荘

Start →

湯原の水位が3.0m以上になると
ホールが出現
谷川橋

橋脚注意。
流木が引っかかりやすい

.508

鹿野沢

.542

利
根
川

水上駅
水上駅

みなかみ町

第
二
湯
原
ト
ン
ネ
ル

利
根
川

コンクリートブロック群あり
濁原橋

.844

観光会館

.486 水上峡

第
一
湯
原
ト
ン
ネ
ル

湯
原

水上橋

コースの注意点

雪が多い地域なので、
毎年地形が変わりやす
く、倒木や流木も多い。
特にコース前半にある
鉄橋の橋脚は、増水の
たびに流木が引っかか
ることが多いので注意
が必要。ダウンリバーに
挑戦する前に水位、危
険箇所、危険物などの
情報を把握してほしい。

536

650

Goal

紅葉橋

道の駅 道の駅
みなかみ水紀行館
.465

水
上
ト
ン
ネ
ル

小
日
向

上牧駅へ

荒川① 秩父公園橋〜親鼻橋 ── クラスⅡ

埼玉県

荒川は埼玉県、山梨県、長野県の3県が境を接する甲武信ヶ岳に源を発し、東京湾まで流れ注ぐ一級河川だ。全長は約173km。本コースは源流地点から50kmほど下った上流部からスタート。地質学的にも価値のある「ジオパーク秩父」の中を下り、国の天然記念物に指定された露頭（崖）の近くを通ることとなる。

スタート地点は秩父市のシンボルともいえる「秩父公園橋」付近。距離はそこから13kmほどだが、ライン下りで有名な長瀞と違い、推奨水位では人けが少なく、冒険的な川下りを楽しめる。途中、この地域が1500〜1700万年前まで海だったことを示す地層が露出した「パレオパラドキシア大野原標本の産出地」を通過し、これは川の中からしか見ることのできない、このコースを下った人だけの特権だ。ゴール付近に駐車場はなく、到着したら公共交通機関を利用する計画が望ましい。

DATA

参考コースタイム
約2時間30分（約13km）

適期
5月上旬〜10月中旬

推奨水位
親鼻1.45〜1.60m、玉淀ダム流入量20t
（玉淀ダムの問合せ先：☎050-3623-4801）

アクセス
行き／秩父鉄道秩父駅から徒歩17分
帰り／秩父鉄道親鼻駅まで徒歩14分
（車利用の場合、関越自動車道花園ICから秩父駅まで約40分）

問合せ先
アムスハウス＆フレンズ
（☎0494-26-6906）

Profile

平井 琢（ひらい・たく）
東京都出身。リバーガイド歴23年、パックラフト歴9年。アムスハウス＆フレンズ代表。ラフティング協会公認マスターガイド。救急救助講習レスキュー3ジャパンインストラクター。

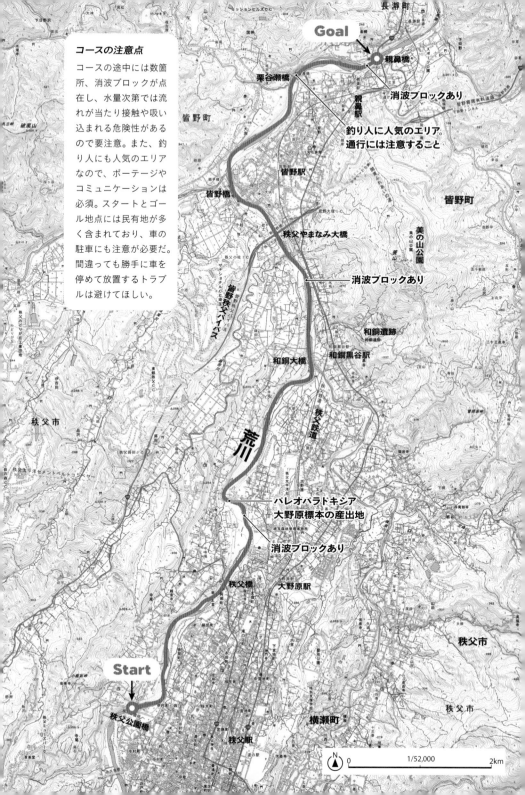

コースの注意点

コースの途中には数箇所、消波ブロックが点在し、水量次第では流れが当たり接触や吸い込まれる危険性があるので要注意。また、釣り人にも人気のエリアなので、ポーテージやコミュニケーションは必須。スタートとゴール地点には民有地が多く含まれており、車の駐車にも注意が必要だ。間違っても勝手に車を停めて放置するトラブルは避けてほしい。

Goal

親鼻橋

栗谷瀬橋

消波ブロックあり

親鼻駅

釣り人に人気のエリア。通行には注意すること

皆野町

皆野駅

皆野橋

皆野町

秩父やまなみ大橋

美の山公園

消波ブロックあり

皆野秩父バイパス

和銅遺跡

和銅大橋 和銅黒谷駅

秩父市

秩父鉄道

荒川

パレオパラドキシア
大野原標本の産出地

消波ブロックあり

大野原駅

秩父橋

秩父市

Start

秩父公園橋

秩父駅

横瀬町

秩父市

N 0   1/52,000   2km

埼玉県

荒川② 親鼻橋〜樋口駅（長瀞） — クラスⅡ

荒川の長瀞は瀬とトロ場が交互にほどよく続き、流れの緩急があり、初心者がダウンリバーを楽しむにはうってつけの環境だ。ラフティングやカヤックなどリバースポーツも盛んに行なわれていて、とてもにぎやかなことでも知られている。

長瀞流域は川と並行して秩父鉄道が走っているのも魅力のひとつ。急流といえば「小滝の瀬」が有名で、水量が20tを超えると大きなウェーブが出現し、中級者以上は爽快な川下りを楽しめる。その後に続くのは、名勝天然記念物「岩畳」を望む約500mのトロ場。エキサイティングさとメロウな川下りを楽しめるのも

長瀞の魅力だ。ただし、油断は禁物。雨天では急激な増水があるため、ゲリラ豪雨など天気予報のチェックは怠らないで楽しもう。

ちなみに、車で訪れる場合は上長瀞駅付近の有料駐車場が利用可能。帰りは電車を利用する。

DATA

参考コースタイム
約1時間30分（約7km）

適期
5月上旬〜10月中旬

推奨水位
親鼻 1.45〜1.60m、玉淀ダム流入量20t
（玉淀ダムの問合せ先：☎050-3623-4801）

アクセス
行き／秩父鉄道上長瀞駅から徒歩3分
帰り／秩父鉄道樋口駅まで徒歩8分
（車利用の場合、関越自動車道花園IC
から長瀞まで約30分）

問合せ先
アムスハウス＆フレンズ
（☎0494-26-6906）

Profile

平井 琢（ひらい・たく）
東京都出身。リバーガイド歴23年、パックラフト歴9年。アムスハウス＆フレンズ代表。ラフティング協会公認マスターガイド。救急救助講習レスキュー3ジャパンインストラクター。

コースの注意点

最も気をつけたいのが遊船（ライン下り）との衝突だ。遊船は急には止まれないので早めにストリームアウトを心がけよう。「S字の瀬」より下流は岩盤によるアンダーカットが形成されるため、初心者は立ち入らないほうがいい。車で訪れる際は、無料駐車場が少ないため、原則は有料駐車場を利用するのが賢明だ。

S字の瀬

樋口駅

Goal

長瀞町
長瀞町

カナディアンホール

くつなしの瀬

大東河原
ここからも上陸可能。
ただし、ライン下りの終着点で頻繁に車両が出入りするため、関係者以外の駐車は控えること

高砂橋

キャンプ場の瀬

荒川

二股の瀬

岩畳
対岸に秩父赤壁や明神の滝がある

長瀞駅

小滝の瀬

長瀞町

上長瀞駅

皆野町
皆野町

親鼻橋

Start

ここからもスタート可能
（期間限定有料駐車場あり）

N 0 1/33,500 1km

東京都

多摩川

クラス Ⅱ

多摩川は、山梨県と埼玉県の境に位置する笠取山に端を発する一級河川。上流部は山梨県から東へ流れ、下流部は東京都と神奈川県を分ける県境となり、最後は空の玄関口、羽田空港の脇から東京湾に注ぐ。

川下りを楽しめるエリアは、JR青梅線御嶽駅から青梅駅までの区間が知られている。本コースの起点は少し下流にある沢井駅。「楓橋」のたもとから遊歩道におりて、下流側にある左岸の河原からスタートする。川を下りながら、川辺に生息する水鳥など、ここが東京都であることを忘れてしまうほど豊かな自然を楽しもう。ただし、上流部は岩やホール、

下流部は橋の残骸や消波ブロック、シブなどがあるので重々注意すること。確実に迂回しながら、見上げるほどの大きな橋を6本過ぎると、ゴールの青梅駅前はまもなくだ。

充分に経験を積んだら、上流の御嶽駅付近からスタートする中級者コースに挑戦するのもおもしろい。

DATA

参考コースタイム
約4時間（約8.5km）

適期
5月〜10月下旬

推奨水位
調布橋 −2.5〜−2.9m

アクセス
行き／JR青梅線沢井駅から徒歩6本
帰り／JR青梅線青梅駅まで徒歩15分

問合せ先
みたけレースラフティングクラブ
（https://mitakerc.net）
奥多摩漁協（☎0428-78-8393）
青梅市観光協会（☎0428-24-2481）

Profile

片岡尚子（かたおか・しょうこ）
ガイドネーム「しょこたん」（みたけレースラフティングクラブ所属）。 滋賀県出身。パドリング歴20年。技術や川の流れを伝えつつ、参加者のレベルやニーズに合わせた講習やツアーを展開する。

コースの注意点

多摩川には、渓流魚の放流日には川下りを自粛するローカルルールがある。例年、ヤマメ、イワナ、ニジマスは3月上旬から11月中旬にかけて年数回、事前に放流日が決められている。詳しくは奥多摩漁協のHPを参照、バドラーも釣り人も、全員が気持ちよく多摩川を利用できるように配慮しよう。

奥多摩漁協：http://www.okutama-fc.co.jp/index.html

奥多摩フィッシングセンターの管理区域。川下り禁止

本流が当たる三角の岩の下がシブ

右岸にシブ。岸側に沿わず本流を行く

発電所の放水口地点が中級者コースのスタート

右岸の岩の下にホールやストッパーシブあり

右岸崩落の恐れ

Start　三本堰　水量が増えるとホールやストッパーになる

左岸に地盤崩落の恐れ

柚木の河原　ここからも上陸可能

右岸に1m2片の鉄骨あり

水中に消波ブロックの残骸

流れの中に橋の残骸。早めにルートを右か左へ移動

右岸にストレーナー

流れの中に消波ブロックの鉄筋などもある

飛び込みネットのエディ。貼り紙箱のエディ。下がアンダーカットになっている可能性あり

Goal

多摩川

御嶽第二発電所
多摩川第三発電所
御岳橋
楓橋
奥多摩大橋
好文橋
神代橋
和田橋
万年橋

御嶽駅　沢井駅　軍畑駅　二俣尾駅　石神前駅　日向和田駅　宮ノ平駅　青梅駅

青梅市　あきる野市　日の出町

N
0
1/50,000
2km

静岡県
富士川
クラスⅡ

富士川は南アルプスの鋸岳を源流とし、長野県から山梨県、そして静岡県を流れ駿河湾に注ぐ全長128kmの一級河川。昔から日本三大急流河川のひとつとしても知られている。

スタートしてすぐの「釜口峡」は富士川で最も川幅の狭い箇所であり、古くから通舟の難所として恐れられてきた。富士山の溶岩石に囲まれた景色は神秘的で圧倒されるが、増水すると大岩付近に迫力のある巨大なホールが姿を現わすので、初級者にはポーテージをおすすめする。その後、4カ所ほど瀬を楽しむことができるが、ところどころに消波ブロックやアンダーカットが存在するので注意が必要。ゴールとなる「逢来橋」の手前のコーナーには、増水すると上流から確認しづらいキーパーホールができるので迂回が必須だ。クラスⅡとはいえ、安易な気持ちで挑む事故はあってはならないので、まずは地元ガイドの同行かツアーの参加をおすすめしたい。

DATA

参考コースタイム
約1時間30分（約4〜5km）
適期
通年
推奨水位
北松野 −5.30〜−4.90m
アクセス
行き／JR身延線芝川駅から徒歩22分
帰り／JR身延線沼久保駅まで徒歩21分
問合せ先
Friends（https://friendsraft.com/）
（☎090-1861-3100）

Profile

山田良治（やまだ・よしはる）
㈱Friends 代表。静岡県富士宮市出身。地元の富士川で川遊びの魅力に取りつかれ、ニュージーランドやネパールを放浪後、吉野川や長良川などでガイド経験を積み、2010年に地元で開業。ガイド歴20年。

高知県

吉野川① 本山コース ── クラスⅡ

吉野川は、高知県と徳島県を流れ、やがて紀伊水道に注ぎ込む。大河の長さは194km。「日本三大暴れ川」、通称「四国三郎」としても有名で、古くから人や物、文化を運んできた土地の動脈とされている。

本山コースは、「早明浦ダム」の直下から「帰全山公園」までのダウンリバー。ダムの放流が生み出す流れを少し下ると、国体のスラロームコースにもなっている「寺家の瀬」が現われる。ここは左右に岩が配置されており、強力なエディやホールが点在する。テクニックを学ぶいい練習場で、左岸側から艇を担いで上流に戻り、何度も下ることが可能だ。

水量次第では本流にサーフィンに適したウェーブも出現する。

開けたトロ場を抜けると、サーフィンのポイントで有名な「寺家アドウェーブ」が現われ、ダムの放流のおかげでなかなか大きいウェーブを堪能できる。ここでパックラフトを自在に操るテクニックを身につけよう。

DATA

参考コースタイム
約1時間30分（約5km）
適期
5月下旬〜9月中旬
推奨水位
早明浦ダムの放水量 30tから60tが目安
アクセス
行き／高知自動車道大豊ICから
国道439号経由で約16分
帰り／国道439号経由で
高知自動車道大豊ICまで約12分
問合せ先
THE BLUE EARTH ザ・ブルーアース
（☎090-7765-4524）

Profile

藤井勇介（ふじい・ゆうすけ）
兵庫県出身。パックラフト歴4年。学生時代に吉野川に魅せられて高知県に移住。以降、吉野川に揉まれてカヤック・ラフティングガイド歴は19年。2017年にTHE BLUE EARTHを立ち上げる。

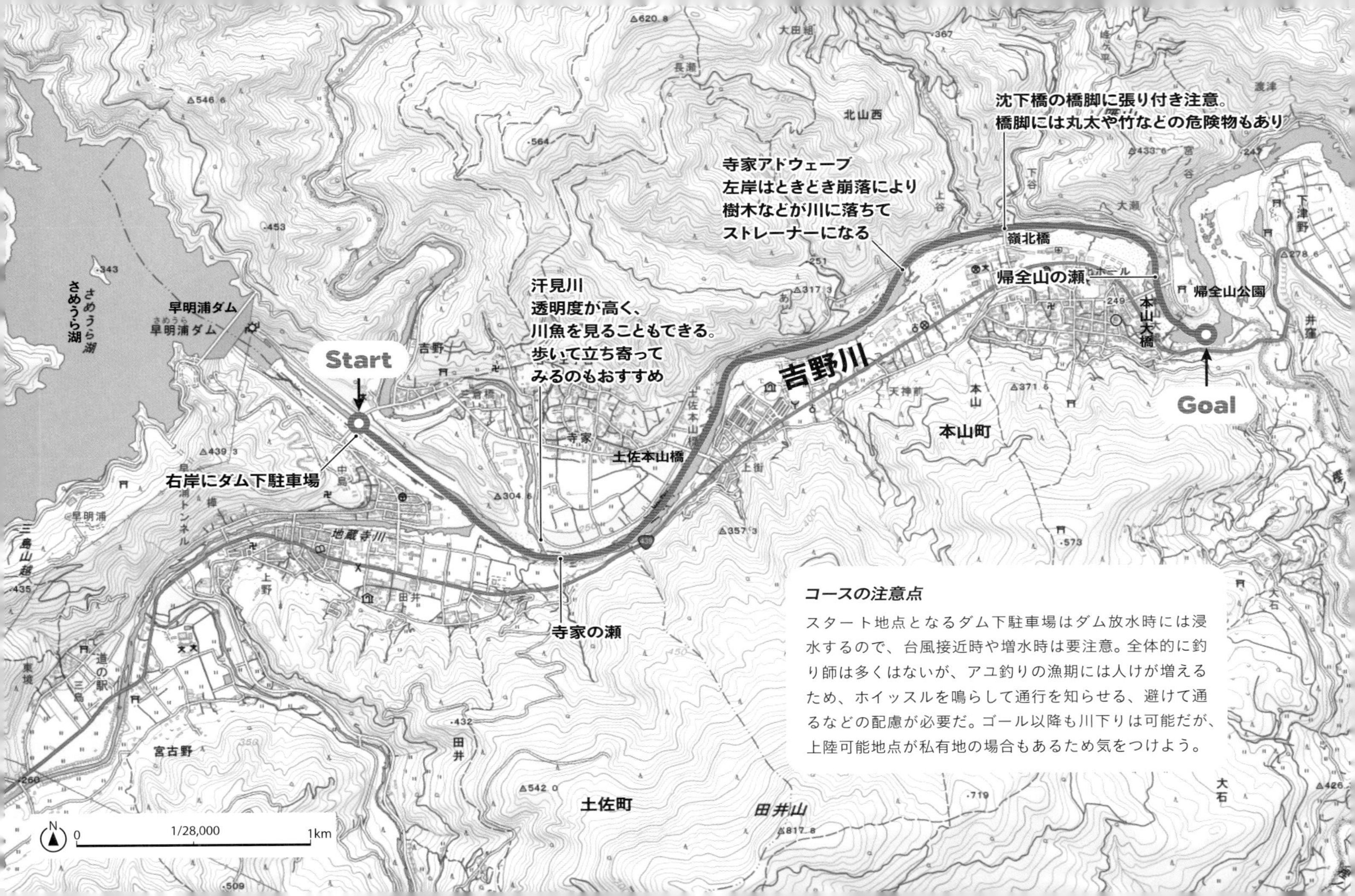
Start
Goal
吉野川
右岸にダム下駐車場
汗見川
透明度が高く、
川魚を見ることもできる。
歩いて立ち寄って
みるのもおすすめ
寺家の瀬
土佐本山橋
寺家アドウェーブ
左岸はときどき崩落により
樹木などが川に落ちて
ストレーナーになる
沈下橋の橋脚に張り付き注意。
橋脚には丸太や竹などの危険物もあり
嶺北橋
帰全山の瀬
帰全山公園
本山大橋
本山町
土佐町
田井山
早明浦ダム
さめうら湖
1/28,000
0
1km

コースの注意点

スタート地点となるダム下駐車場はダム放水時には浸水するので、台風接近時や増水時は要注意。全体的に釣り師は多くはないが、アユ釣りの漁期には人けが増えるため、ホイッスルを鳴らして通行を知らせる、避けて通るなどの配慮が必要だ。ゴール以降も川下りは可能だが、上陸可能地点が私有地の場合もあるため気をつけよう。

高知県

吉野川② 大豊コース ── クラス II+

本山コース（P152）から少し下流、吉野川と支流の穴内川との合流地点からJR土讃線豊永駅の近くにある河原までの区間が、大豊コースとして知られている。吉野川に支流の流量が加わり、ダムの放水時期になるとダイナミックな川下りを楽しめる。

最初に現われる「ラーメンの瀬」では、瀬の終わりに大きな岩が立ちはだかる。ここではフェリーグライドなどで肩慣らしをしておこう。「ヌリカベの瀬」を過ぎると、いよいよ「薬師の瀬」だ。右岸側に岩があり、水量が多いとキーパーホールになっている。さらに、岩の手前にはストレーナーとなる危険物が沈んでいる

ので、手前での落水や岩への激突には重々注意しよう。JR土讃線大田口駅を右手に通過すると、川が左に大きくカーブする。ここが最大の難所「犬鳴きの瀬」。左岸岩壁の下部にアンダーカットが潜んでいるので、近づかないように注意しよう。

DATA

参考コースタイム
約2時間（約6km）
適期
通年
推奨水位
豊永観測所 0～100cm
アクセス
行き／高知自動車道大豊ICから国道439号経由で約8分
帰り／国道439号経由で高知自動車道大豊ICまで約14分
※電車も利用できるが本数が少ないので車でのアクセスがおすすめ
問合せ先
THE BLUE EARTH ザ・ブルーアース
（☎090-7765-4524）

Profile

藤井勇介（ふじい・ゆうすけ）
兵庫県出身。パックラフト歴4年。学生時代に吉野川に魅せられて高知県に移住。以降、吉野川に揉まれてカヤック・ラフティングガイド歴は19年。2017年にTHE BLUE EARTHを立ち上げる。

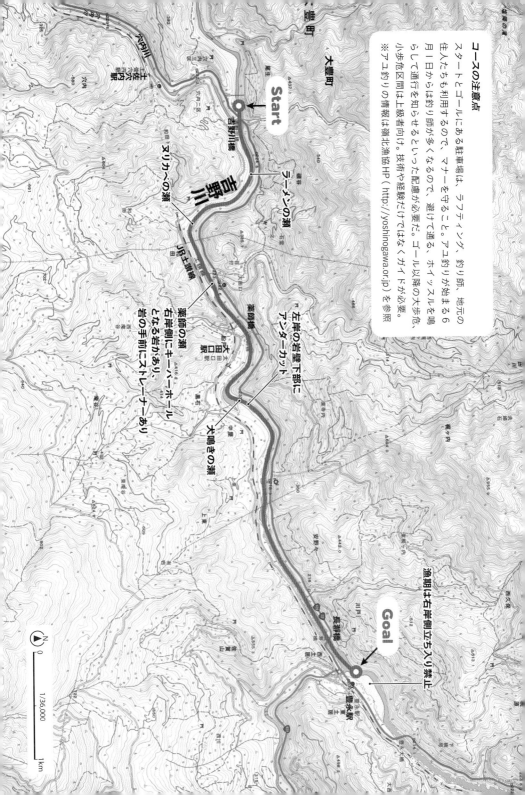

コースの注意点

スタートとゴールにある駐車場は、ラフティング、釣り師、地元の住人たちも利用するので、マナーを守ること。アユ釣りが始まる6月1日からは釣り師が多くなるので、避けて通る、ホイッスルを鳴らして通行を知らせるといった配慮が必要だ。ゴール以降の大歩危は、小歩危危区間は上級者向け。技術や経験だけではなくガイドが必要。

※アユ釣りの情報は嶺北漁協HP（http://yoshinogawa.or.jp）を参照

豊町

大豊町

穴内川

土佐穴内駅

吉野川橋

Start

吉野川

ラーメンの瀬

ヌリカベの瀬

JR土讃線

薬師橋

大田口駅

薬師の瀬
右岸側にキーパーホール
となる岩があり、
岩の手前にストレーナーあり

左岸の岩壁下部に
アンダーカット

犬鳴きの瀬

長瀬橋

漁期は右岸側立ち入り禁止

Goal

土佐豊永駅

N

1/36,000

0　　　　　　1km

九州北部で数少ないダウンリバーフィールド

嘉瀬川

クラス Ⅰ～Ⅱ

　嘉瀬川は、佐賀県と福岡県の県境にまたがる脊振山地に源頭をもち、佐賀平野を抜けて有明海へ注ぐ一級河川。「九州の嵐山」とも称される景勝地「川上峡」に含まれる約2.5kmの区間が、ダウンリバーを楽しめるコースとして親しまれている。

　推奨水位のときは難易度がクラスⅠ～Ⅱとそれほど高くないが、水量が下がり、水位が1.6～1.9mくらいになると岩が水面に現われ始めるため、少々テクニカルに。ラップする可能性のある場所もあるため注意が必要だ。コース全体を通して浅い瀬が多いため、転覆したときはWWFPの体勢をとるとともに、装備品が岩や流木などに引っかからないように、服装や装備にも細心の注意を払おう。逆に水量が増えて水位が2.0mを超えてくると、大きなウェーブやホールが現われ始めるが、慌てずに漕げば避けるのは比較的容易。各自の力量に応じたラインを見極めて楽しんでもらいたい。

DATA

参考コースタイム
約1時間（約2.5km）

適期
4～10月

推奨水位
川上 1.7～2.5m

アクセス
行き／長崎自動車道佐賀大和ICから国道263号経由で約4分
帰り／国道263号、212号経由で長崎自動車道佐賀大和ICまで約4分

問合せ先
たいようアウトドア
（☎090-5916-6561）

Profile

古川陽進（ふるかわ・ようしん）
佐賀県出身。たいようアウトドア代表、サガノアソビ㈱代表取締役。リバーガイド歴24年。レースラフティング世界大会で優勝経験あり。佐賀県を日本屈指のアウトドア天国にするべく日々奮闘している。

N 0　1/16,000　500m

金敷城山

△42

Start

下田

ウォーミングアップのトロ場
イグアスドロップのスカウティングに最適

道の駅 大和

ニジノ瀬
通常の水位であれば滑り台のように下れる

佐賀市

.324

大
イグアスドロップ
自分の技量に合うラインを選ぼう

八反原

323　263

プチ迷路
水量が少ないとスタックしないルートを
探すのが大変

ダンスホール
水量によって幅広くホールや
ウェーブが現われる

見せ場の瀬
川上峡最後の瀬

放水口の瀬
川上峡でいちばん長い瀬。
左岸に放水口あり

△210.7

.134

都渡城

実相院

川上橋

コースの注意点

イグアスドロップは、
転覆して流されると岩
で体を強打する可能性
があるため、しっかり
ラインを確認すること。
一見フレンドリーなコー
スではあるが、全体
を通して浅い箇所が多
いので、フットエント
ラップメントには充分
に気をつけよう。各瀬
ともスカウティングし
やすいので、回送や
下る前にもラインを確
かめてもらいたい。

動CC

.68

水土

嘉瀬川

Goal

川上頭首工（堰堤）
危険なので近づかない

惣座橋

西
山
田

嘉瀬川橋

△30.4

大願寺

肥前国庁跡

惣座

パックラフトのブランド、ショップ、ツアー案内

国内展開ブランド

ブランド名	取り扱い会社名
Anfibio（アンフィビオ）	元気商會
Blue Nile Gear（ブルーナイルギア）	Blue Nile Gear
FRONTIER（フロンティア）	スター商事
	元気商會
	Blue Nile Gear
GRIFFON RAFT（グリフォンラフト）	元気商會
KOKOPELLI（ココペリ）	モンベル
MARSYAS（マーシャス）	スター商事
MRS（Micro Rafting System／エムアールエス）	KAZE STORE
nortik（ノルティック）	元気商會

取り扱いショップ

エリア	店名	所在地
北海道	秀岳荘 北大店	札幌市北区北12条西3丁目2-15
北海道	秀岳荘 白石店	札幌市白石区本通1丁目南2-14
埼玉県	カヌーショップ ぱどる	埼玉県さいたま市西区三橋5-258
東京都	パドルクエスト	東京都墨田区業平4-6-11
東京都	ハイカーズデポ	東京都三鷹市下連雀 4-15-33 日生三鷹マンション2F
神奈川県	モンベル 横浜しんやました店	神奈川県横浜市中区新山下3-4-19
奈良県	モンベル 五條店	奈良県五條市小島町533
兵庫県	ハイマートベルク ジェームスマウンテン	兵庫県神戸市垂水区東垂水町762-667 2F

ツアー会社

エリア	店名	所在地
北海道	カイパックラフティング北海道	北海道川上郡弟子屈町屈斜路市街2条通8
北海道	富良野ネイチャークラブ	北海道富良野市北の峰町10-22
山形県	RUSTICA（ラスティカ）	朝日ベース：山形県西村山郡朝日町送橋461
群馬県	カッパCLUB	群馬県利根郡みなかみ町寺間18
埼玉県	アムスハウス&フレンズ	埼玉県秩父郡長瀞町中野上560
東京都	みたけレースラフティングクラブ	東京都青梅市御岳本町359
静岡県	㈱Friends	静岡県富士市木島194-1
奈良県	エバーグリーン	奈良県五條市三在町1260
高知県	THE BLUE EARTH ザ・ブルーアース	高知県長岡郡大豊町永渕382-4
佐賀県	たいようアウトドア	肥前ベース：佐賀県唐津市肥前町入野甲892-2 原ベース：佐賀県唐津市原1000 大名ベース：佐賀県唐津市大名小路3-5
大分県	一般社団法人ユフイズム	大分県由布市庄内町柿原304-1
全国	モンベル・アウトドア・チャレンジ	

はじめての方は
スクールやツアーが
おすすめです！

問合せ先	オンラインショップの有無
0568-55-4985	○
bluenile.packraft@gmail.com	○
03-3805-2651	○
0568-55-4985	○
bluenile.packraft@gmail.com	○
0568-55-4985	○
06-6536-5740	○
03-3805-2651	○
075-205-5201	○
0568-55-4985	○

※モンベルは次の店舗でも取り扱いあり。
ひたちなか店、 グランベリーパーク店、
モンベルヴィレッジ立山、アウトドアヴィ
レッジ奈良店、岡山店、山口店、高松店、
アウトドアオアシス石鎚店など

問合せ先	営業時間	休業日
011-726-1235	10:30〜19:30	月（祝日の場合は翌日）
011-860-1111	10:30〜19:30	水（祝日の場合は翌日）
048-622-9050	10:00〜19:00	月、火、水（祝日は除く）
03-6456-1712	月、木、金：15:00〜19:00 土、日、祝：12:00〜19:00	火、水
0422-70-3190	12:00〜20:00	火
045-628-2466	10:00〜20:00	無休
0747-23-0665	10:00〜19:00(1月〜6月と9月〜12月の平日) 9:00〜19:00(7月〜8月、および土、日、祝)	水（夏休み期間は無休）
078-753-6301	11:00〜19:00	月（祝日の場合は翌日）

問合せ先	営業時間	ツアー開催時期
HP内お問合せフォームより (https://kaipackrafting.com)	—	5月〜10月末
0167-22-1311 inbox@alpn.co.jp	9:00〜17:00	4月末〜10月末
080-8219-6119	—	6月〜10月末
https://www.kappa-club.com/	8:30〜20:00	6月〜10月
0494-26-6906	9:00〜16:00	通年
mail@mitakerc.net	—	通年
090-1861-3100	8:30〜18:00	通年
otegami@evaguri.com	9:00〜18:00	通年
090-7765-4524	—	通年
090-5916-6561	9:00〜17:00	水量次第 （6月〜9月は比較的水量あり）
yufu@yufuism.jp	8:30〜17:00（土、日、祝は休み）	4月末〜11月末

https://event.montbell.jp/ （カテゴリ：カヌー＆カヤック、インフレータブルカヤックで検索）

技術監修

柴田大吾

しばた・だいご／大阪府出身。大学探検部時代にラフティングに出会う。学生時代には国内の河川のみならず、ネパール、南アフリカ、ニュージーランド、チリなど世界各地の激流を転戦。また、在学中から四国の吉野川、卒業後は利根川 (群馬県みなかみ町) やオーストラリア・ケアンズでリバーガイドとして活動。2004年に帰国後、実業団所属のラフティング選手へ。過去に5回、ラフティング日本代表として世界選手権に出場。現役引退後、2010年に御岳へ移住。2011年に「みたけレースラフティングクラブ」設立。プログラムにパックラフトを取り入れ、安全に楽しめるパックラフトの普及啓発活動の一環として、パックラフトでも参加できる御岳カップなど大会を運営。また、最近では「リバークリーンおじさん」として、多摩川から海に排出されるゴミ問題にも取り組んでいる。リーブノートレイスジャパン (LNTJ) 理事、多摩川川下り事業者組合事務局長、御岳カップ大会ディレクターとしても活躍中。

はじめてのパックラフト A to Z

2023年8月5日　初版第1刷発行

山と溪谷社編

発行人　　川崎深雪
発行所　　株式会社 山と溪谷社
　　　　　〒101-0051
　　　　　東京都千代田区
　　　　　神田神保町1丁目105番地
　　　　　https://www.yamakei.co.jp/

印刷・製本　株式会社 光邦

● 乱丁・落丁、及び内容に関するお問合せ先
　山と溪谷社自動応答サービス
　　電話 03-6744-1900
　　受付時間／11時〜16時 (土日、祝日を除く)
　メールもご利用ください。
　　【乱丁・落丁】service@yamakei.co.jp
　　【内容】info@yamakei.co.jp

● 書店・取次様からのご注文先
　山と溪谷社受注センター
　　電話 048-458-3455
　　FAX 048-421-0513

● 書店・取次様からのご注文以外のお問合せ先
　eigyo@yamakei.co.jp

写真協力

イワタニ・プリムス、キャップス、ケンコー社、スター商事
パーゴワークス、みたけレースラフティングクラブ、モンベル

参考文献

『カヌー＆カヤック入門』辰野 勇 (山と溪谷社／2013)
『スイフトウォーターレスキュー 基本テクニック』堅村浩一 (イカロス出版／2018)
『カヌースポーツ基礎』日本レクリエーショナルカヌー協会 (海文堂出版／2013)
『カヌー＆カヤックを楽しむ』内田正洋、モンベル・アウトドア・チャレンジ (地球丸／2016)
『The Packraft Handbook an instructional guide for the curious』
Luc Mehl (Mountaineers Books／2021)